교과 수업,
틀을 깨다!

시끌벅적 생각이 자라는 수업 혁신 프로젝트

교과 수업, 틀을 깨다!

· 김성현 지음 ·

지식프레임

틀을 깬 수업, 미래 역량을 키운다!

기존의 산업 시대에는 기술과 지식을 전달하는 교육이 주를 이루었다. 그러나 4차 산업혁명으로 불리고 있는 인공지능(AI, artificial intelligence) 시대가 도래한 지금의 교육은 분명 전과 달라야 한다. 사회가 빠르게 변화하는 만큼 미래 사회가 요구하는 인재상 또한 변하고 있기 때문이다.

《사피엔스》의 저자 유발 하라리Yuval Noah Harari는 현재 학교에서 배우는 지식의 70~80%가 향후 10년 후에는 전혀 쓸모없는 지식이 될 것이라고 말한다. 로봇과 컴퓨터가 인간보다 훨씬 정확하고 많은 양의 지식과 정보를 쉽게 저장하고 인출할 수 있기 때문이다. 또한 그는 인공지능시대가 도래하면 인간과 로봇이 공존하며 살아갈 것이라고 이야기한다.

앨빈 토플러 이후 최고의 미래학자로 평가받는 다니엘 핑크Daniel Pink는 《새로운 미래가 온다》에서 미래 인재의 여섯 가지 조건을 다음과 같이 소개한다.

첫 번째는 디자인이다.

그는 존 헤스킷John Heskett의 말을 빌려 디자인을 다음과 같이 정의한다.

"디자인이란 본질적으로 우리의 필요에 걸맞고, 우리 생활에 의미를 부여하기 위해 주변 환경을 만들고 꾸미려는 인간의 본성으로 규정될 수 있다."

우리가 쓰는 휴대전화를 예로 들어보자. 휴대전화는 전화를 걸고 메시지를 보내는 기능적 효용성과 그 핸드폰을 늘 손에 쥐고 싶다는 욕망, 즉 소유욕을 불러일으키는 의미가 내재되어 있어야 한다. 여기서 디자인은 바로 기능과 의미의 결합을 뜻한다. 다시 말해 미래 인재는 기능적인 부분을 생각하는 좌뇌와 의미를 생각하는 우뇌의 역량을 두루 사용할 수 있는 능력이 있어야 한다는 것이다.

두 번째는 스토리다.

다니엘 핑크는 소비자의 소비 욕구를 움직이는 제3의 감성으로 스토리를 만들 수 있는 능력을 강조한다.

세 번째는 조화다.

조화는 경계를 넘나드는 창의성의 원천이다. 이는 전혀 관계없을 것 같은 두 요소를 결합하고 분석하며 종합하여 새로운 요소와의 관계를 발견하는 능력을 말한다. 아울러 시대적, 공간적, 학문적 경계를 넘나들며 조화를 이룰 수 있어야 한다.

네 번째는 공감이다.

역지사지의 마음으로 타인을 이해하고 타인의 입장에서 생각할 수 있는 능력을 말한다.

다섯 번째는 유희다.

웃으며 즐겁게 학습하고 일할 줄 아는 능력을 말한다.

여섯 번째는 의미다.

살아가는 이유, 즉 내가 왜 이 일을 하는지에 대한 의미를 찾는 것이다. 고통 속에서도 사랑하는 사람과 삶의 목표를 생각하며 이를 극복할 수 있는 힘이 바로 삶의 의미인 것이다.

이와 같은 미래의 인재상을 실현하기 위해서는 학교 수업과 교육 방법 역시 이에 발맞춘 변화가 필요하다. 더 이상 기존의 교사 중심 수업, 암기 위주의 수업, 지식 전달 중심의 수업은 환영받기 힘든 시대가 되었다. 이제 기존의 수업 방식에서 벗어나, 학생의 발화 시간이 많아지고, 자유롭게 토의하고 생각을 모아 스스로 깨닫게 하는 수업 방법을 고려해야 한다. 창의적이고 다양한 생각을 이끌어 내는 수업에 대한 새로운 아이디어가 필요한 것이다.

그렇다고 해서 선생님이 부담을 느낄 만큼 어렵고 힘든 수업을 하자는 것은 아니다. 다만 선생님이 수업의 주도권을 학생에게 이양하는 결단이 필요하다. 학생들을 믿고 지지해 주며, 기다려주는 수업이 필요하다. 결과적으로 교사는 수업에서 주연이 아닌 단역이 되어야 하며 수업의 주인공은 학생이 되어야 한다.

그렇다면 미래 사회를 살아갈 학생들에게 학교에서는 무엇에 초점을 두고 수업을 진행해야 할까? 나는 무엇보다도 다음의 세 가지에 관심을 두고자 한다.

첫째, 아이들의 무한한 상상력을 자극하고, 이질적인 것을 연결하는 창의성을 유도할 수 있는 수업.

둘째, 교과 수업 시간에 나 혼자 공부하는 것이 아니라, '나보다 똑똑한 우리'라는 신념으로 함께 활동하며 협업의 즐거움과 위력을 느낄 수 있는 수업.

셋째, 좋은 결과가 가져다주는 행복감도 중요하지만 그 결과를 위해 노력하는 과정도 중요함을 알고 작은 것에도 감사하고 행복해할 줄 아는 수업.

나는 이 책을 통해 학생들을 미래 사회의 역량 있는 인재로 성장시킬 수 있는 구체적인 수업 적용 방법들을 많은 선생님들과 함께 나누고자 한다. 물론 이 책에서 제시하는 내용과 방법만이 유일한 정답이 될 수는 없을 것이다. 하지만 많은 선생님들이 고민하는 수

많은 해답들 가운데 하나는 될 것이라 믿는다. 그리고 정답은 바로 수업을 설계하고 진행하는 교사가 직접 선택하는 것이라는 생각이 든다.

교직 생활을 하며 때론 힘들고 지쳐 쓰러질 때가 있다. 슬럼프에 빠져 수업의 열정이 사라질 때도 있다. 그런데 기존의 활동에서 약간의 변화만 주어도 아이들은 "선생님 수업이 정말 재미있어요" "선생님 또 해요" 등과 같이 반응한다. 물론 이러한 적극적인 반응이 아니더라도 수업에 웃으면서 즐겁게 참여하는 모습만으로도 교사에게는 큰 힘과 용기가 된다. 이 책에서 소개하는 내용이 그 힘과 용기를 드리는 데 조금이나마 보탬이 되길 바란다.

책이 나오기까지 도움을 주신 지식프레임 윤을식 대표님, 아이스크림 원격연수원 왕선경 과장님, 가정에서 수업 나눔과 브레인스토밍을 함께 해준 김은혜 선생님 그리고 바쁜 아빠를 기다려준 예원이와 예린이에게 감사한 마음을 전한다.

2017년 3월
김성현

교과 수업, 틀을 깨다! 차례 ----------

PART 3
마음 열기 프로그램

PART 4
느끼자! 집단지성의 힘

PART 5

교과서 토의토론

PART 6

역동적인 팀 프로젝트

PART 7

수업은 토크 콘서트다!

PART 8

함께 읽고, 이야기하고, 배우는 독서 수업

PART 9

교사는 변화의 대상이 아닌 주체이다

교과 수업 틀을 깨다

수업,
어떻게 변화해야
하는가?

4차 산업혁명시대에 필요로 하는 인재를 길러내기 위해 많은 교사들이 고민을 하고 수업 변화의 필요성을 느낀다. 그렇다면 미래 사회가 요구하는 필요 역량은 무엇일까? 이에 대해 필자는 먼저 다음의 세 가지를 강조하고 싶다.

 첫 번째 역량은 사유의 힘, 즉 생각하는 힘이다.
 무인 자동차, 요리하는 로봇, 사물인터넷을 이용한 편리한 환경, 노인의 말벗이 되어주는 로봇, 프로 바둑기사를 이기는 알파고, 일본의 신춘문예 본선을 통과한 인공지능의 문학작품 등 지금 우리는 벌써부터 새로운 변화의 바람을 맞고 있다. 특히 기능적인 분야의 일, 단순 노동에서 정교함을 요하는 업무, 빅데이터를 활용한 업무의 분야에서는 인공지능이 인간보다 실수 없이 일을 성공적으로 수행할 수 있다. 앞으로 20년 후에는 회계사, 의사, 법조인, 택시기사 등의 직업군이 사라진다고 한다.

이러한 미래 사회를 살아갈 아이들에게 필요한 중요한 능력 중 하나가 바로 생각하는 힘이다. 인공지능 시대에는 어떻게 하면 바른 사회, 정의로운 사회가 될 것인가에 대한 올바른 도덕적, 윤리적 판단 능력이 필요하기 때문이다.

이와 함께 새로운 것을 생각하는 창의력과 상상력 역시 배양해야 할 중요한 능력이다. 단순히 지식과 정보를 가감 없이 수용하고 기억하는 것이 아니라, 나름의 생각과 판단을 가지고 또 다른 것을 창조할 수 있는 능력은 바로 사유의 힘에서 나온다.

이제 학생들에게 생각하는 시간을 주어야 한다. 학생들 스스로가 문제를 해결할 수 있다는 신념을 갖고 기다려줄 수 있는 교사가 필요하다.

두 번째 역량은 사회적 관계력과 협업 능력이다.

로마 시스티나 성당 천장의 〈천지창조〉를 그린 화가 미켈란젤로를 소개할 때 빠지지 않는 수식어가 '천재 화가'라는 말이다. 그런데 미켈란젤로에게 13명의 동료와 그의 재능을 보고 적극적으로 후원해 준 메디치 가문이 있었다는 사실을 아는 사람은 많지 않다. 또한 미켈란젤로 본인은 "이 그림을 그리기 위해 얼마나 노력했는지를 안다면 사람들은 나를 천재라고 부르지 않을 것이다"라고 말했다.

전구와 수많은 발명품을 만든 에디슨에게도 14명의 친구들이 있었는데, 찰스 배철러, 존 애덤스 등이 대표적인 그의 친구들이다.

캐나다 맥길대 케빈 던바Kevin Dunbar 교수는 1990년 분자생물학 연구소에서 흥미로운 실험을 했다. 연구원들이 언제 혁신적인 아이디어를 얻는지에 대한 관찰 실험을 했는데 실험 결과가 의외였다. 혁신적인 아이디어는 연구원들이 현미경을 보고 있을 때가 아니라, 동료들과 함께 커피를 마시고 이야기를 나눌 때 얻었다는 사실이다.

위의 사례들을 통해 미래 교육의 정답은 아니어도 해답 정도는 찾을 수 있을 듯하다. 바로 협업 능력과 사회적 관계력이다. 세상에 천재는 없고, 천재 집단만 있을 뿐이다. 위대한 발견과 발명은 혼자 이루어내는 것이 아니라 협업할 때 만들어진다. 이러한 협업 능력의 전제 조건은 사람과 관계를 잘 맺고 이해하며 조정하는 관계력이다.

미래학자인 정지훈 교수는《내 아이가 만날 미래》에서 미래를 지배할 인재의 세 가지 유형으로 통섭형 인재, 협업형 인재, 네크워크형 인재를 제시한다. 두루 함께 배우고 익히며 나눌 줄 아는 인재상을 강조하는 것이다.

세 번째 역량은 행복력이다. 수렵채집시대의 인간과 과학혁명시대의 인간의 모습을 비교해 보자. 어느 시대의 인간이 보다 더 행복감을 느낄까?

《사피엔스》의 저자 유발 하라리는 현대의 인간이 원시시대의 인간보다 편리한 삶을 누리지만 더 행복하다고 확신할 수는 없다고 말한다. 중요한 것은 우리 아이들에게 사람 냄새가 나는 삶을 살아가게 해야 한다는 것이다. 그러기 위해서는 체온을 느낄 수 있고, 마음과 마음이 닿을 수 있는 교육이 필요하다. 혼자가 아닌 더불어 살아가는 사회, 나 혼자 잘되는 것이 아니라 함께 잘되는 것을 소망하며 살아가는 사람으로 길러내야 한다. 하지만 안타깝게도 우리 학교는 여전히 아이들에게 경쟁을 요구한다. 사회가 협업과 집단지성을 요구하는 만큼, 사람 사이에서 행복감을 느낄 수 있도록 학교교육의 방법도 이제 변화되어야 한다. 그리고 그 시작은 바로 수업이다.

물론 행복력이 하루아침에 생기는 것은 아니다. 오랜 훈련과 연습을 통해 길러지는 힘이다. 현대 사회에서는 우리의 행복을 가로막는 장애물들이 많다. 상호 비교, 속도 경쟁, 체면 문화 등 스스로를 옥죄는 것이 많지만 인간은 본능적으로 행복을 추구하는 존재다. 따라서 아이들에게 행복해지는 방법을 알게 하고 이를 습관화하는 데 필요한 교육은 매우 중요하다.

변화하는 교육의 흐름

4차 산업혁명이 도래하는 사회에서는 직업의 세계 또한 많이 변화할 것으로 예상된다. 자동화된 직업의 세계는 사라지고 사회의 인식도 바뀜에 따라 대학 졸업장은 더 이상 의미가 없어질지도 모른다. 학생들의 요구나 관심사도 전통적인 생각보다는 사회의 다변화에 따라 달라질 것이다. 결국 학교는 학생들의 요구나 학부모의 생각을 모두 수용할 수 없는 지경에 이를 수도 있다.

완벽히 예측할 수는 없지만, 머지않아 우리 교육과 사회는 다음과 같은 변화의 흐름을 맞게 될 것으로 짐작된다.

첫째, 공교육을 이탈하는 학생이 많아질 것이다. 짜여진 교육 과정, 시험평가 체계, 시간표와 맞지 않는 아이들은 홈스쿨, 검정고시, 대안학교로 빠져나갈 것이다. 문제는 이러한 이탈이 사회 변화와 맞물려 더 심화될 수도 있다는 것이다.

둘째, 대학 졸업장의 가치보다 실제적인 능력을 가진 사람이 더 인정받는 사회 인식의 변화가 있을 것이다. 특정한 직업, 학력만 인정받는 사회에서 시류에 맞는 자격과 능력을 가진 사람이 인정받는 시대가 올 것이다. 이는 최근 들어 '덕후(특정 분야의 전문가)'가 인정받는 모습을 보면 쉽게 예상할 수 있다.

그렇다면 미래 교육에서 중요하게 여겨질 능력들에는 어떤 것이 있을까?

보스턴칼리지 린치스쿨 사범대학의 교수인 앤디 하그리브스Andy Hargreaves와 데니스 셜리Dennis Shirley의 저서 《학교 교육 제4의 길》에 따르면, 첫째가 학습 능력, 둘째는 함께 일하는 능력, 셋째가 함께 살아가는 능력이라고 한다. 이를 요약해 보면 배울 수 있어야 하고, 함께 일해 나갈 수 있어야 하고, 어울려 더불어 살아갈 줄 아는 사람이 필요하다는 뜻이다.

이러한 배움의 형태에서는 학습자가 배움에 대한 주도성을 갖는 것이 매우 중요하다. 배움의 패러다임이 교사가 지식을 가르쳐주는 것에서 학생의 필요에 따라 자기 배움의 길을 스스로 개척하고 주도해 나가는 것으로 변화되어야 하는 것이다.

학생 중심, 배움 중심 수업에 대한 몇 가지 원칙

이제 미래 교육의 변화에 발맞춰 교육의 최일선에 있는 교사의 인식에도 변화가 필요하며, 더불어 수업 방법과 수업의 방향에도 변화가 필요하다는 것에 많은 분들이 동의할 것이다. 아이들은 미래를 위해 공부해 가고 있고, 지금 우리가 가르치는 아이들은 우리나라의 미래를 짊어지고 갈 성장 동력이기에 지금 교사의 인식과 교육의 변화는 매우 중요하다.

그렇다면 어떻게 해야 학교는 학생들에게 만족할 만한 교육을 제공하고 국가의 미래 성장 동력인 학생들을 효과적으로 교육할 수 있을까? 교실 수업은 어떻게 시대의 변화와 발을 맞추어야 할까?

이를 위해 필자는 학생 중심, 배움 중심의 수업 방법에 관한 몇 가지 아이디어들을 제시하고자 한다.

첫째, 모든 학생이 동시에 함께 참여해야 한다.

토의토론 수업을 진행할 때, 소위 똑똑하고 목소리 크고 말 잘하는 아이만 참여하는 수업은 지양한다. 몇몇 학생만 주목받고 주도적으로 참여하는 수업이라면 방법적으로 개선이 필요하다. 수업은 모든 학생이 함께, 동시에 참여하는 것이 중요하다.

둘째, 수업 준비는 쉬워야 한다.

교사가 수업을 준비할 때 챙겨야 할 것이 많아 힘든 수업이라는 생각이 든다면 지속적으로 수업에 적용하기가 힘들어진다. 교사가 효율적으로 수업 준비를 할 수 있고, 학생이 효과적으로 학습 목표에 도달할 수 있는 수업이라면 더할 나위가 없다.

셋째, 가르침은 줄이고, 배움은 늘어가는 수업이다.

이는 수업의 방향을 정하는 지표이다. 많은 것을 설명하고 전달하는 주입식 수업에서 벗어나 교사는 안내자, 촉진자, 격려자, 디자이너의 역할을 해야 한다. 교사는 수업에서의 역할보다 수업 밖에서의 역할이 더 중요하므로 학생의 발화시간(Student Talking Time)을 늘리는 데 초점을 둔 수업 구성이 필요하다.

이처럼 변화된 형태의 교육에서는 교사들이 반드시 서로 협력을 해야 한다. 학교마다, 교육청마다, 교육의 여러 갈래 가운데 관심 분야가 일치하는 교사들이 모여 함께 이야기를 나누고, 현장 연구를 통해 다듬고, 결과물을 공유하는 분위기가 필요하다.

핀란드의 교사는 미국의 교사보다 40% 덜 가르치며, 싱가포르는 '덜 가르치면서, 더 많이 배우게 한다(TLLM ; Teach Less, Learn More)'는 교육 정책을 추구한다. 오레곤대학 국제교육학부 용 자오 Yong Zhao 교수는 '덜 가르치는 수업'이 '세계적인 수준의 학습자'를 키우는 핵심이라고 보았다.

덜 가르친다는 의미는 수업 시간에 교사의 역할을 축소한다는 뜻이다. 이는 '가르침은 사라지고, 배움만 있는 수업' '학생 중심의 배움 수업'과 그 의미를 같이한다. 수업 시간에 교사의 역할과 비중은 줄이는 대신, 교사는 수업을 계획하고 효과적인 학습 목표를 성취하기 위해 고민하고, 적절한 교구를 준비하며 수업을 디자인하는 과정에 더 많은 에너지를 쏟아야 한다.

또한 교사는 학생 개개인의 재능을 살려주고, 교실 공간에서 다양한 가능성을 발견할 수 있도록 기회를 제공해 주어야 한다. 교육 과정의 성취 목표를 무조건 가르치기보다 학생 스스로 내용을 발견하고 지식 습득의 행복함을 느낄 수 있도록 안내해 주는 교사의 자세가 필요한 것이다.

틈을 깨다

관계 맺기
프로그램

성공적인 수업을 위해 가장 중요한 첫 번째 조건은 무엇일까?

교사와 학생 간의 활발한 상호작용, 수업 목표에 효과적으로 도달하기 위한 학습 활동, 좋은 수업 자료와 도구….

물론 위의 요소들도 중요하지만 아무리 교사가 뛰어난 역량을 가지고 있고 좋은 수업 자료와 교구를 학생들에게 선보인다 하더라도, 교사와 학생, 학생과 학생 간의 편안한 분위기가 형성되어 있지 않으면 성공적인 수업을 만드는 데는 한계가 있기 마련이다.

교사가 학생에게 무언가를 전달하고자 하지만 학생들이 마음의 문을 닫은 채 표현하지 않고 말을 하는 데 어려움을 느낀다면 결코 좋은 수업이라고 말하기 어렵다. 다시 말해, 실수해도 괜찮은 교실, 어떠한 이야기를 해도 수용할 수 있는 친구, 자신의 생각을 자신 있게 말할 수 있는 편안하고 허용적인 분위기 형성이 성공적인 수업을 위한 전제 조건이며 필수적인 요소이다.

그렇다면 어떻게 해야 교실 안에서 편안하고 허용적인 분위기를 만들 수 있을까? 이를 위한 몇 가지 활동을 소개한다.

01

당신만 봅니다

사랑을 하면 상대의 눈동자가 보인다고 한다. 눈을 맞추고 미소를 짓는 행위는 상대에 대한 친밀감을 나타내는 것이다. 〈당신만 봅니다〉는 처음 만난 사람과 자연스럽게 마음의 벽을 허물고 대화를 시작하는 아이스 브레이크 기법 중 하나이다.

이 활동은 상대방의 초상화를 그리는 것으로, 준비물은 종이 한 장과 연필만 있으면 된다.

"지금부터 두 명씩 짝을 지어볼게요. 그리고 파트너와 인사하겠습니다. 안녕 반가워! 나는 ○○○야."

이어서 선생님이 나누어준 종이에 조금 전 인사한 친구의 초상화를 그리도록 안내하면서 규칙을 설명해 준다.

"그런데 여기서 중요한 규칙이 있습니다. 제목 〈당신만 봅니다〉가 말해 주듯, 초상화를 그리면서 오직 친구의 얼굴만 바라보고 그림을 그려야 합니다. 활동 시간은 1분입니다. 종료 박수를 치기 전까지 절대 자신이 그리고 있는 그림과 상대방의 그림을 보아서는 안 되고 오직 상대방의 얼굴만 바라봅니다. 어떠한 활동이든 서로 지켜야 할 규칙을 잘 지킬 때 더욱 재미있다는 것을 기억하기 바랍니다."

교사의 안내에 따라 학생들은 파트너의 얼굴을 바라보며 열심히 초상화를 그릴 것이다. 이 활동에 재미를 더하기 위해 선생님은 학생들이 그림을 그리는 중에 "친구들, 선생님은 사람의 얼굴을 그리라고 했어요."라며 웃음을 줄 수도 있고, "충분히 잘하고 있어요. 여러분 자신을 믿으세요."라며 격려를 해줄 수도 있다.

1분이 지나면 교사는 종료 박수를 친다. 얼굴만 보고 그림을 그렸으니 당연히 재미있는 초상화가 그려진다. 아이들은 눈, 코, 입이 따로따로 그려진 그림을 보며 친구와 함께 박장대소를 한다.

"이제는 파트너에게 이렇게 물어보세요. '어떤 말을 들으면 가장 행복해?'라고 말이죠. 파트너의 대답을 잘 듣고 그 내용을 초상화

밑에 적어주세요. 그리고 화가의 사인이 있어야 작품의 가치가 있겠지요? 날짜와 그린 사람의 사인을 하고 파트너에게 초상화를 선물로 주세요."

이 활동은 특별한 준비물 없이 간단하게 할 수 있으며, 짧은 시간 동안 서로의 마음을 열고 친밀한 분위기를 형성할 수 있게 도와준다. 이후 학생들에게 무엇을 느꼈는지 질문하면 아이들은 대개 이렇게 답한다.

"친구 얼굴을 이렇게 자세히 바라본 적이 없어요."

"얼굴을 바라보니 자연스럽게 웃음이 나요."

02

물건으로 나를 말한다

소개팅에서 자신의 소지품을 꺼내놓고 파트너를 선택하는 이벤트가 있다. 그만큼 개인의 소지품은 그 사람을 표현하는 작은 부분이다. 이처럼 소지품으로 나를 소개하는 시간을 통해 서로를 알아가는 시간을 가질 수 있다.

먼저 모든 학생이 가방이나 사물함에서 자신의 소지품을 5가지씩 꺼내 모둠 책상의 중앙에 둔다. 자신에게 의미 있는 물건이거나 특별한 스토리가 있는 물건이면 더욱 좋다.

학생들은 돌아가며 물건 주인이 꺼내 놓은 5개의 물건에 대해 이야기를 나누는데, 방법과 규칙은 다음과 같다.

물건 주인은 5개의 물건을 중앙에 놓은 뒤 2분간 침묵을 지킨다.

물건 주인을 제외한 나머지 모둠원들은 2분 동안 5개의 물건을 관찰, 분석하고 물건 주인의 성향과 성격, 스타일, 기호 등을 추측하며 궁금한 사항에 대해 무엇을 질문할지 생각한다.

2분이 지난 뒤, 물건 주인은 모둠 친구들의 질문에 대답하고 물건에 얽힌 이야기를 친구들에게 들려준다. 다음 순서의 친구도 동일한 방식으로 활동을 한다.

예를 들어, A라는 학생이 연필, 이어폰, 지갑, 열쇠, 손수건을 꺼냈다고 하자. A는 2분 동안 침묵한다. 그리고 나머지 친구들은 A의 소지품을 살펴보며 A의 성격에 대해 추측하고, 물건에 얽힌 사연에 대해서도 생각해 본다. 또한 A가 중요하게 여기는 것이 무엇일지 예상하며 이야기를 나눈다. 이때 A는 모둠원들의 이야기를 듣고만 있고 침묵하는 것이 중요하다.

2분이 지나면 A에게 한 명씩 돌아가며 하나씩 질문을 할 수 있다. "이걸 가지고 다니는 이유는?" "어디에서 산 거야?" "이 물건에 얽힌 사연이 있을 것 같은데?" "오랜 시간 휴대한 거야?" 등과 같이 질문을 하면 A가 답하는 방식이다. 같은 방법으로 나머지 모둠원이 돌아가며 이야기하도록 한다.

간단한 활동이지만 학생들은 생각보다 즐겁고 편안하게 참여한다. 친구의 물건을 살피면서 자신과 공통점을 발견하면 공감대가 형성되어 친밀감을 느낄 수도 있다. 특이한 물건이 나와서 재미있고, 평범한 물건처럼 보이지만 특별한 사연이 있음을 확인할 때 아이들은 더욱 집중해서 듣고 흥미를 느낀다.

겉모습만으로 친구를 판단하고 그 친구를 많이 안다고 생각하는 아이들이 있다. 어떤 경우는 대화 한 번 나누어보지 못한 채 한 학년을 마무리하기도 한다. 그래서 교사는 아이들에게 이러한 만남의 장, 이해의 장을 제공해 줄 수 있어야 한다. 친해지는 것은 다음의 일이다. 활동 과정에서 친구들 한 명 한 명의 생각을 듣고 배울 점은 없는지 경청하는 자세를 자연스럽게 터득하도록 하는 것도 중요하다.

03

이미지 카드 만들기

모둠이 새롭게 구성되고 나면 가장 중요한 활동이 바로 '모둠 세우기' 활동이다. 이때 모둠 친구들끼리 협동하고 협력할 수 있는 래포(rapport)를 형성하는 것이 필요하다. 서로를 신뢰하고 감정적으로 친밀감을 느끼는 래포 형성을 위해 교사는 다양한 활동을 통해 마음을 열 수 있는 관계 맺기 프로그램을 도입할 수 있다.

모둠 세우기 활동을 좀 더 쉽게 하기 위해서는 간단한 도구를 활용하는 것이 좋다. 체육 시간에 아무런 도구 없이 어떠한 게임과 활동을 하는 데는 한계가 있지만, 공 하나만 있어도 할 수 있는 활동과 게임은 다양해진다. 교실에서도 마찬가지다. 아무런 도구 없이 수업 활동을 진행한다면 활동 범위에 한계가 있지만, 간단한 수업 교구가 있으면 활동 범위의 폭과 깊이가 그만큼 커진다.

　나는 교실 한쪽에 과월호 어린이 잡지를 늘 비치해 둔다. 아이들이 집에서 보고 난 잡지를 학교로 가져 오게 하거나 도서관에서 오래된 잡지를 폐기하기 전에 미리 달라고 부탁해 놓는다. 신문은 흑백이 많아 가시성과 활용도가 떨어지지만 잡지는 종이의 질도 좋고 컬러이기 때문에 수업 교구로 활용하기에 여러모로 좋다.

　먼저 각 모둠별로 여러 권의 잡지를 나눠준다. 그리고 잡지에 수록된 사진 가운데 인물 사진, 풍경 사진, 사물 사진 등 어떠한 사진이든 상관없이 1인당 5장씩 오리라고 한다.

　사진의 크기는 A4 종이 절반 정도의 사이즈로 안내한다(사진의 크기가 제각각이면 수업 교구로 활용하기에 불편하다). 이 사진 자료를 일명 '이미지 카드'로 이름 짓자.

이 카드는 뒤에서 소개할 여러 활동은 물론 교과 수업에서도 다양하게 활용이 가능하다.

04

나를 상징하는 그림

〈이미지 카드 만들기〉 활동에서 만든 이미지 카드를 각 모둠 책상에 펼쳐놓고 학생들에게 자신을 상징할 수 있는 3장의 사진을 선택하게 한다. 이때 학생들은 이미지 카드를 들여다보며 사진과 대화를 한다. '어떠한 장면이 나를 잘 표현하는 것일까?' '나의 모습과 연관 있는 사진은 무엇일까?' 하는 생각을 하며 자신의 모습과 연결 고리가 있는 사진을 선택한다.

1인당 3장의 이미지 카드를 선택했다면 한 명씩 돌아가면서 카드 1장씩을 내보이며 자신에 대해 설명하는 시간을 갖도록 한다. '왜 이 사진을 선택했는지' '무엇을 설명하는 사진인지, 나의 어떠한 모습과 연결이 되는지'를 이야기하도록 한다.

　중학생들과 독서진로캠프를 하며 이미지 카드를 활용한 관계 맺기 프로그램을 진행한 적이 있다. 한 학생이 3장의 사진을 선택했는데, 많은 물건이 전시된 마트에서 누군가 물건을 고르는 사진, 톱니바퀴 두 개가 맞물려 돌아가는 사진, 고속도로에서 자동차가 질주하는 사진이었다. 그리고 그 사진을 선택한 이유에 대해 다음과 같이 이야기했다.

　"자동차가 고속도로를 질주하는 사진을 선택한 이유는 저희 부모님이 제게 무엇이든 빨리빨리 서둘러 마치라고 이야기하시기 때문입니다. 숙제도 서둘러 하고, 책도 빨리 읽고, 수학 진도도 쭉쭉 빼라고 이야기하십니다. 저는 부모님의 요구대로 그렇게 거침없이 속도를 내며 지내고 있는 것 같습니다.

　톱니바퀴 사진은 두 개의 바퀴가 잘 맞물릴 때 기계가 고장 없이 잘 돌아가듯이, 저도 부모님의 생각과 저의 생각이 잘 조정되어 돌아갔으면 좋겠습니다. 그러한 고민을 요즘 많이 하고 있습니다.

마지막으로 마트에서 물건을 고르는 사진은 무엇이든 빨리빨리 질주하고 해나가는 것이 아니라 물건 하나하나를 찬찬히 보고 맛도 음미하고 경험해 보며 최종적으로 물건을 선택하는 신중함과 여유로움이 있었으면 하는 바람이 있기 때문입니다."

이처럼 단순한 사진 한 장이 자신의 내면세계를 들여다보고 조금은 깊이 있는 이야기도 편안하게 할 수 있는 도구가 된다.

초등학생들도 교실에서 '왜 이 사진을 선택했는지'에 대해 이야기하면 자신 있게 자신의 이야기를 꺼내놓는다. 이렇게 모둠별로 돌아가며 발표를 마치고 난 후에 교사는 이렇게 이야기해 보자.

"모둠 친구들의 이야기를 들었는데, 들은 이야기 가운데 기억에 남는 사연이 있을 겁니다. 친구의 이야기를 사진과 함께 소개해 주면 좋겠습니다. 누가 이야기해 줄까요?"

이를 통해 아이들은 자신의 이야기가 아닌 친구의 이야기를 자연스럽게 소개하는 시간을 가질 수 있다.

05

블록으로 나를 말한다

    학생들이 부담 없이 쉽게 접근 가능한 장난감이 바로 블록이다. 블록은 어렸을 때 누구나 한번쯤 가지고 놀았을 장난감이기도 하다. 이 블록으로 자신을 나타내는 아바타를 만들도록 하는데, 구체물을 만들 수도 있고 나름의 의미를 부여해 상징물을 만들어도 괜찮다.

    블록을 만드는 시간은 15~20분 정도가 적당하다. 주어진 시간 동안 학생들은 자유롭게 블록을 이용해 자신의 아바타를 만든다. 이때 중요한 규칙으로는 자신이 무엇을 만드는지에 대해서 비공개로 해야 한다는 점이다.

    교사가 종료 박수를 치고 활동을 모두 멈추면 학생 한 명이 만든 블록을 모둠 중앙에 두고 다른 친구들이 한 명씩 돌아가며 친구가 만든 블록에 대해 생각해 보는 시간을 갖는다. 물론 블록을 만든 당사자는 침묵을 하고 나머지 모둠 친구들은 블록을 중앙에 둔 채 '이 블록이 무엇을 상징하는지, 왜 이렇게 만들었는지, 친구의 이미지와 블록의 연관성' 등에 대해 추측한다.

1분이 지나면 질의응답을 통해 블록을 만든 친구로부터 직접 이야기를 듣도록 한다. 동일한 방법으로 모둠원이 한 명씩 돌아가며 진행한다.

한 학생은 자신이 블록으로 표현하기 힘들다며 네모난 블록에다 쪽지로 '컴퓨터'를 써서 붙이고, 또 하나의 블록에는 'TV'라고 써 붙여 자신을 표현하기도 했다. 또한 블록에 수성사인펜으로 얼굴 표정을 그리는 아이들도 있다. 이처럼 표현 방법에 제한을 두지 않고 자유롭게 허용해 주면 아이들은 자신만의 방법으로 블록을 만들

어 자신을 표현한다.

　모든 활동이 끝나면 교실
뒤쪽에 블록을 전시해 보자.
아이들은 어릴 적 가지고 놀
던 블록을 만난 반가움에 즐
거움을 느낀다. 또한 "이거 누
가 만들었어?" 하며 기발한 작품에 관심을 갖게 되고, 블록을 만든
친구에게 직접 이야기를 듣고 싶어 하기도 한다.

교과수영 틀을 깨다

마음 열기
프로그램

 학생들에게 참여 동기를 높이고 수업에 몰입할 수 있도록 하기 위해서는 적절한 아이스 브레이크 전략이 필요하다. 옆의 어깨짝과 스킨십을 하며 친밀감을 높일 수도 있고, 간단한 수업 교구를 활용하여 마음 열기 프로그램을 진행할 수도 있다.

 수업 시작 후 전 차시 상기, 오늘의 학습 목표 제시, 학습 활동 안내도 중요하지만 1분 정도 웃음을 통해 뇌를 깨우고, 배움의 동기를 자극하는 활동도 중요하다. 또는 수업 중간에 쉬어가는 시간으로 선생님의 재치 있는 유머나 짧은 활동을 통해 분위기 환기를 유도하는 것도 수업에 활력을 높이는 감초 같은 역할을 한다.

01

혼자 왔어요, 둘이 왔어요

교실의 모든 학생들이 둥글게 원을 만든다.

게임을 시작하는 학생을 정한 뒤, 해당 학생이 "혼자 왔어요"를 외치며 한 발짝 앞으로 나오도록 한다. 그러면 오른쪽 옆 두 사람이 이어서 "둘이 왔어요"를 외치며 한 발짝 나온다. 이와 같은 방식으로 그다음 옆에 있던 세 명이 "셋이 왔어요"를 외친다. 다음에는 다시 "셋이 왔어요""둘이 왔어요""혼자 왔어요" 하며 숫자가 줄어드는 1-2-3-3-2-1로 게임을 진행한다. 사람이 많다면 숫자를 그 이상으로 해도 괜찮다.

이 놀이는 손가락으로도 활동이 가능하다. 어깨가 닿을 만큼 모든 사람이 둥그렇게 원을 만들어 자리에 앉는다. 그리고 제로게임을 하듯 두 손을 모아 엄지손가락을 든다. A가 왼쪽 엄지손가락 하나를 들며 "혼자 왔어요", A가 오른쪽 엄지손가락을 들고 옆에 있던 B가 왼쪽 엄지손가락을 들며 "둘이 왔어요", B가 오른쪽 엄지손가락을 들고 옆에 있던 C가 양손 엄지손가락을 모두 들며 "셋이 왔어요"로 진행한다.

벌칙으로는 인디언밥, 이름으로 삼행시 짓기, 얼굴에 붙임딱지를 붙이고 얼굴 근육을 이용해 떼기 등 다양한 방법을 활용할 수 있다.

02

물음카드

어른들은 처음 만난 사람과 주로 호구조사부터 하는 경향이 있으며 외적인 요소로 상대방을 판단하기도 한다. 만나는 사람이 어디에 살고, 얼마의 돈을 가지고 있는지에는 관심이 많지만, 어떠한 색깔을 좋아하고 어떠한 생각으로 살아가는지에 대해서는 비교적 관심이 적다.

처음 만난 사람과 상대를 알기 위한 순수한 질문, 재미있고 다양한 답이 나올 수 있는 창의적이고 상상력 가득한 질문을 해보면 어떨까?

이 활동을 진행하기 위해 〈물음카드〉를 준비해 보자.

A4 종이를 세로와 가로로 한 번씩 접은 뒤 접힌 선을 따라 자르

면 네 개의 종이 카드가 만들어진다. 학생들은 처음 만난 친구와 부담 없이 나눌 수 있는 재미있는 질문을 하나의 카드에 한 개씩 총 네 개를 작성하면 된다.

예를 들어, "만약 타임머신이 있다면 언제로 돌아가고 싶어? 특별한 이유가 있어?" "로또 1등에 당첨된다면 돈을 어디에 쓰고 싶어?" "학교 마치고 집에 돌아가면 제일 먼저 하는 일이 뭐야?" "우정이란 뭐라고 생각해?" "학교 생활에서 제일 재미있는 것 세 가지" "지금까지 여행한 곳 중에서 가장 기억에 남는 곳은?" "만약 지금 어른이 된다면 무엇을 하고 싶어?" "자유 시간 일주일이 주어진다면 제일 먼저 만나고 싶은 사람은?" 등과 같은 질문을 작성한다.

물음카드를 모두 모은 후 모둠별로 바꿔서 활동을 해도 되고, 선생님이 미리 모아두고 필요할 때 나눠주어도 된다.

활동은 짝 또는 모둠으로 진행한다. 모둠 책상 중앙에 물음카드를 뒤집어 쌓아놓은 뒤 한 명씩 물음카드를 뒤집어 확인하고 질문 내용에 대해 순서대로 답하게 하자. 또는 물음카드를 뒤집은 사람이 물음 내용에 대해 알고 싶은 사람을 지목할 수도 있으며, 지목받은 사람이 질문에 답하는 방식으로 진행해도 좋다.

학생들이 학교에서 나누는 대화를 살펴보면 깊이가 부족한 경우가 많다. 연예인 이야기, 게임 이야기, 누군가를 험담하는 이야기, TV 드라마 또는 영화 이야기 등이 주를 이룬다. 정작 친구 한 명 한 명이 무슨 생각을 하고 있고, 어떠한 일상을 살아가는지에 대해서는 관심도 없고 잘 알지도 못하며 그냥 생각 없이 흘러가는 대로 살아가는 아이들도 많다. 이 활동은 일상적인 질문을 통해 마음을 열고 자유롭고 허용적인 분위기를 형성하는 데 목적이 있다. 또한 친구를 보다 깊이 이해하고, 같은 또래지만 생각의 차이가 있음을 확인할 수 있다.

　사람은 질문을 받으면 본능적으로 답을 하려는 경향이 있다. 그러므로 질문에 답을 함으로써 평소 아무런 생각이 없었던 분야에 대해 새롭게 생각의 문을 여는 계기가 될 수도 있다.

학생들의 대화 수준이 높아지면 물음카드를 다시 제작해서 사용하면 된다. 특정 분야의 주제에 대해서만 물음카드를 작성하게 하여 이를 활용할 수도 있다.

03

소개 팻말

　〈소개 팻말〉은 종이와 펜만 있으면 쉽게 할 수 있는 활동이다.

　먼저 종이를 3등분한 뒤 접어서 소개 팻말을 만든다. 소개 팻말의 한쪽에 자신을 소개하는 문구를 쓰는데, 중앙에는 자신의 이름을, 이름을 기준으로 왼쪽 위에는 자신을 나타내는 단어를 하나 쓴다. 예를 들어, 열정, 웃음, 게임 등의 단어를 쓰면 된다. 이름을 기준으로 오른쪽 아래에는 자신의 장래 희망을 쓰거나 기억에 남는 일, 하고 싶은 일 등을 써도 된다.

　이름의 오른쪽 위편에는 자신이 정한 인디언 이름을 쓴다. 인디언 이름은 자신을 잘 나타낼 수 있는 단어를 조합하여 이름을 정하는 것이다. 예를 들면, '나무에 매달린 원숭이' '보트를 타고 낚시하는 곰돌이' '비상하는 독수리' '생각에 젖어 사는 사춘기 소년' 등과

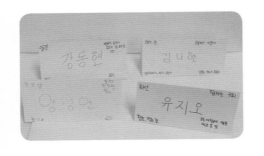

같이 자신의 현재 상태와 생각을 단적으로 표현해 주는 별명을 정하면 된다. 마지막으로 왼쪽 하단에는 내가 모둠을 위해 잘할 수 있는 것을 쓰도록 한다.

덧붙여 자신에게 의미 있는 숫자를 적어서 호기심을 유발하며 자신을 소개할 수도 있다. 예를 들어, 178, 151 등 자신에게 유의미한 숫자를 쓰는데 자신의 키 또는 매일 타고 다니는 버스 번호 등을 예로 들 수 있다.

이 활동은 학습 활동으로도 적용이 가능하다. 오늘 하루 학습을 정리하며 왼쪽 위에는 국어, 오른쪽 위에는 사회, 왼쪽 아래는 과학, 오른쪽 아래는 수학의 주요 핵심 개념을 초성으로 쓰거나 간단한 기호와 이미지로 나타낼 수 있다. 그리고 내용이 무엇을 의미하는지 돌아가며 친구들이 맞히고 설명하는 활동으로 진행할 수도 있다.

소개 팻말에 쓰는 내용은 수업 목표에 따라 학교 학생들의 특성을 고려하여 변경할 수도 있다. 학생들이 소개 팻말 작성을 마치면 한 명씩 돌아가며 자신에 대해 소개하는 시간을 가져보자. 또는 그 내용이 학습과 관련된 것이라면 서로 질문하고 대화하는 시간을 보내며 자연스럽게 어울릴 수 있도록 해보자.

04

하루 3감사 쓰기

우리 반 알림장 마지막에는 〈하루 3감사 쓰기〉가 있다. 이 활동을 시작하면 아이들의 처음 반응은 대개 이렇다.

"선생님, 감사할 것이 없는데요?"

그런데 시간이 지나면서 주변을 천천히 관찰하고, 나보다 힘들게 살아가는 사람을 바라보면 감사가 넘쳐나기 시작한다. "오늘 엄마가 아침밥을 차려주셔서 감사" "오늘 학교에 등교할 수 있어서 감사"….

아이들의 감사 수준은 두 달쯤 지나면 존재 자체에 대한 감사로 이어진다.

"세상에 태어나 지금까지 살아가게 함에 감사" "오늘도 숨 쉬게 함에 감사"

어느 날 한 아이는 일기장에 이렇게 썼다.

"하루 3감사를 쓰면서 느낀 것이 있다. 감사를 통해 긍정적이고 행복한 내 모습을 발견했다. 하루 1분 감사할 제목을 찾으면서 내 마음의 찌꺼기와 불순물이 사라짐을 느낀다. 이것도 감사한 일이다."

〈하루 3감사 쓰기〉를 하기 위해서는 알림장에 다음과 같이 문구를 쓴다.

"오늘 하루를 지내면서 감사한 일 3가지를 써봅시다. 부모님께, 선생님께 혹은 나에게 감사함을 적어봅시다."

우리 마음을 들여다보면 감사함을 느낄 때 행복함을 함께 느낀다. 감사도 행복도 연습과 훈련이 필요하다. 반복되는 일상 가운데서도 사소한 것에 감사함을 느낄 수 있도록 교육하는 일은 바르고 고운 심성을 기르는 데 효과적이다.

05

브레인스토밍 게임

학생들이 이미 알고 있는 브레인스토밍 활동을 살짝 변형한 수업 활동이다. 학생들이 이미 아는 활동이기에 특별한 설명 없이 바로 적용할 수 있다. 브레인스토밍을 통한 다양한 생각과 아이디어에는 정답이 없지만, 정답을 두고 넓고 깊게 생각해 보는 것이 바로 〈브레인스토밍 게임〉이다.

교과서에 제시된 제재 글을 낭독하기 전에, 또는 새로운 대단원을 들어가기에 앞서 교사는 다음과 같이 발문할 수 있다.

"이번 단원의 제목이 〈날씨와 생활〉인데, 이번 단원에서 배울 학습 내용이 무엇일지 예상해서 적어봅시다."

"〈자전거 도둑〉이라는 글을 공부해 볼 텐데, 여기에 제시될 단어를 예상해서 적어봅시다."

이와 같이 교사는 발문을 하고 학생들은 모둠별로 협의해서 붙임딱지 1장에 하나의 단어를 적고 모둠별로 5~7장 정도로 확정해서 칠판에 붙이도록 한다.

사회 또는 과학 시간에 이 활동을 진행할 경우 출발점 행동 진단을 할 수 있는 수업 활동이 된다. 또한 세부 교과 내용을 배우기 전에 큰 틀의 학습 내용을 확인하는 기회가 되기도 하며, 아이들의 배경지식이 어느 정도인지도 확인할 수 있다.

국어 시간에 문학 작품의 제목을 제시하고 내용을 예상하며 단어를 적어본다면, 학생들은 작품을 상상하고 기대하게 된다. 교사는 학생들이 모둠별로 제시한 단어를 바탕으로 예상되는 내용을 발표하게 함으로써 아이들의 상상력과 창의력을 자극시킬 수도 있다.

이 과정을 마친 뒤 교사는 학생들과 제재 글을 낭독하거나 소제목을 살펴보며 배울 내용을 개괄적으로 안내하도록 한다.

06

창의력 게임

　아이들에게 "1+1＝1이 되는 경우가 언제일까요?" "컴퓨터와 학교의 공통점은 무엇일까요?"와 같은 질문을 던져보자. 다시 말해 산술적으로는 성립되지 않지만 상황적으로 이해가 되는 경우, 또는 전혀 연관성 없는 두 물체를 비교해 보는 경우이다.

　학생들은 이러한 상황이 나타나는 경우를 고민하고 찾아본다. 모둠별로 최대한 많은 아이디어를 기록하도록 하고, 돌아가며 작성한 내용을 한 가지씩 설명하도록 한다.

　"1+1＝1"이 되는 경우를 예로 들어보자. 물방울 하나와 물방물 하나가 합쳐지면 하나의 물방울이 된다. 또한 노랑색과 파랑색을 섞으면 초록색이 된다. 두 가지 색이 아닌 하나의 초록색이 되는 것이다. 남한과 북한이 합쳐지면 하나의 한국이 된다.

게임은 서바이벌 형식으로 진행되는데, 주어진 내용을 설명할 수 없거나 서로 수긍하기 힘든 내용, 또는 다른 모둠에서 제시했던 내용을 반복하면 해당 모둠은 탈락한다. 학생들은 각 모둠의 이야기를 들으면서 새로운 생각에 놀라기도 하고 즐거워하기도 한다. 특별한 도구 없이 학생들에게 재미있는 발문을 던짐으로써 할 수 있는 흥미로운 활동이다.

07

논리 배틀

이 활동은 〈창의력 게임〉과 흡사하지만 조금 다른 형태로 진행할 수 있다. 선생님이 제시한 두 가지 요소의 특징을 깊이 관찰하고 탐구하여 공통점과 차이점을 찾도록 하는 것이다. 아이들은 공통점과 차이점을 찾으며 각 요소에 대해 좀 더 자세히 알게 되고, 상상력과 창의력을 발휘하게 된다.

이 활동은 단순히 지식을 받아들이는 수동적인 태도에서 벗어나 학습한 내용을 서로 결합하고 다각도로 관찰하는 사고를 통해 수업에 적극적인 태도로 참여할 수 있게 도와준다. 이때 목소리가 큰 친구의 의견이 모둠 전체의 대표 의견이 되지 않도록 민주적인 절차에 의해 모둠 구성원의 생각이 모여지도록 안내한다.

수업 절차는 다음과 같다.

첫째, 학생들은 신문과 잡지 등에서 배경, 인물, 사물 등 다양한 사진들을 1인당 3장씩 오리고 사진들을 '생각상자'에 넣도록 한다. '생각상자'는 논리배틀을 진행하기 위한 소재들을 모은 상자이다. 교사가 활동에 필요한 사진들을 일방적으로 제시하는 것이 아니라, 학생들이 다양한 소재들을 수집하고 선택한 후 사진을 담게 한다.

둘째, 각 모둠별로 4절지 크기의 모둠 스케치북과 붙임딱지 한 묶음씩을 배부한다.

셋째, 선생님은 '생각상자'에서 두 장의 사진을 꺼낸 뒤 두 사진이 갖고 있는 공통점을 모둠별로 찾아보도록 한다. 경우에 따라서는 '생각상자'를 활용하지 않고, 학습 내용 가운데 선생님이 두 가지 요소(예 : 설탕물과 소금물, 조선시대와 고려시대 등)를 제시할 수도 있다. 이 경우 신문과 잡지에서 사진을 오리는 활동은 생략한다.

넷째, 학생들은 자신의 의견을 붙임딱지 한 장에 하나씩 쓰는데 (브레인 라이팅 활동이다) 제한 시간 동안 최대한 많이 쓰도록 한다. 모둠원은 한 명씩 돌아가며 자신의 붙임딱지를 발표하고 모둠 스케치북에 붙인다. 이때 생각이 비슷하거나 같은 것은 이어서 붙이도록 한다.

다섯째, 모둠별로 공통점을 하나씩 발표하며 구체적인 예를 들어 설명하게 한다(예 : 휴대전화와 병원 – 사람을 이롭게 한다. 휴대전화는 사람끼리 연락을 용이하게 하고, 병원은 사람의 질병을 고쳐준다).

여섯째, 중복된 의견은 발표하지 않으며, 마지막까지 발표를 하는 팀이 점수를 얻게 된다.

마지막으로 스케치북은 교실 한쪽에 게시하여 학생들이 서로의 생각을 나누고 이야기할 수 있는 소통의 장으로 활용한다.

08

기자의 학급일기

부모는 하루하루 아기의 성장일기를 쓰며 자녀의 일거수일투족을 기록으로 남기려고 한다. 사진은 물론 동영상 촬영과 손도장, 발도장 등도 남긴다. 그러나 아이가 부모의 손을 떠나 학교에 다니기 시작하면서부터는 기록의 양과 질이 점점 떨어진다. 훌쩍 자라서 지나간 학창 시절을 그리워하는 사람들도 학교에서 정작 어떻게 수업을 했고 친구와 무엇을 하고 지냈는지에 대한 기억은 희미한 경우가 많다.

학생 개개인에게 일기장이 있듯이 학급에도 오늘 교실이라는 공간에서 어떠한 일들이 있었고, 어떻게 살았는지를 기록하는 학급일기가 존재한다. 학급일기는 아이들의 삶에 대한 기록이다.

매일 남자 한 명, 여자 한 명의 일일 기자를 정해서 학급일기를

작성하게 해보자. 학급일기 기자에게는 하루 동안 스마트폰의 전원을 켜둘 수 있는 특권이 주어지는데 사진과 영상 촬영만으로 이용을 제한한다. 해당 학생은 일일 기자가 되어 학급일기에 다음과 같은 내용을 작성한다.

1. 오늘 수업 시간에 배우고, 느낀 것, 앞으로 실천할 점 정리

2. 오늘 우리 반의 감사한 일 3가지

3. 기자가 우리 반 친구들에게 알려주고 싶은 명언, 생활 정보, 학습 정보

4. 기자가 우리 반 친구들에게 해주고 싶은 이야기

5. 오늘의 우리 반에서 기억하고 싶은 소소한 추억 이야기

일일 기자는 필요에 따라 학습 결과물, 학습 활동 등을 사진 또는 영상 촬영하고 학급일기의 내용과 사진, 영상을 잘 정리해서 다음 날 친구들에게 3분 스피치로 발표한다.

이 활동을 통해 학생들은 어제의 일을 돌아보고 성찰하는 계기를 갖게 된다. 또한 그냥 지나칠 수 있는 우리 반 일에 학급의 구성원으로서 관심을 갖고 우리 반 역사를 기록하는 일에 참여하는 기회를 가질 수 있다. 우리 반의 기쁜 일, 슬픈 일을 친구들과 함께 공유

할 수 있으며 학급 학생들은 기자의 글을 읽고 댓글을 달아 기자에게 격려와 칭찬의 메시지를 보낼 수도 있다.

일 년 동안 한 공간에서 함께 지내지만, 친구의 존재를 잘 모르는 경우가 종종 있다. 학급일기는 기자의 안목과 자세로 친구 한 명 한 명에게 자연스럽게 관심을 가지고 묻고 답하며 기록하는 태도를 기르게 할 수 있다. 또한 학급일기를 통해 학급의 역사가 기록되고 공유되어 친구들 사이에서 대화의 소재가 많아지는 것을 발견할 수 있었다.

원고도 써야 하고, 발표도 해야 하기 때문에 처음에는 아이들이 힘들어 할 수도 있다. 하지만 어제 발표한 친구들의 재미난 기사들을 보면 '나도 이렇게 취재하고 발표해야지' 하는 마음이 들면서 기사의 내용과 형식이 향상되기도 한다. 활동이 익숙해지기 시작하면 아이들은 자신이 경험한 일을 자신 있게 말할 수 있다. 기자로서 학급일기에 기록한 것을 친구들에게 발표함으로써 발표 능력, 의사소통 능력, 정보처리 능력 등도 자연스럽게 향상된다.

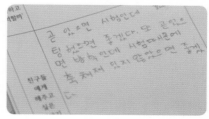

기자의 눈은 예리하다. 기자는 어떠한 상황과 현상을 허투루 보

지 않으며 사건을 나름대로 분석하고 해석하며 의미를 부여한다. 그래서 이 활동은 섬세한 관찰력과 날카로운 분석력을 길러줄 수 있다.

또한 어제의 학습 결과물을 보여주거나 촬영한 사진, 동영상을 보여주며 발표를 하면 더욱 즐거운 시간이 된다. 초등학교 저학년 은 형식을 단순화하여 사진과 영상을 생략하고 발표만 하게 할 수 도 있다.

••• 기자의 학급일기 •••

( )월 ( )일 ( )요일	작성자 : ( ) 기자		
오늘 감사한 일 (3가지 이상)		오늘 무엇을 배웠나요? (배우고, 느끼고, 실천할 점 쓰기)	
오늘의 우리 반 기억하기 (소소한 추억)		기자가 들려주는 명언, 감동 이야기, 생활정보, 깨알팁 등	
친구들에게 해주고 싶은 이야기		담임 선생님의 말씀	
읽은 친구 본인 이름 쓰기			

• 3분 스피치 시간에 친구들에게 위의 내용을 재미있게 전달해 주면 됩니다. 기자의 기록과 발표는 우리 반의 역사가 됩니다.

기자의 학급일기를 읽고 기자에게 해주고 싶은 이야기를 자유롭게 적어주세요. 바르고 고운 말을 쓰면 글을 쓰는 사람도, 글을 읽는 사람도 모두 행복해집니다.	

틈을 깨다

느끼자!
집단지성의 힘

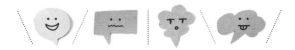

교과 수업에 새로운 활동을 적용했을 때 학생들은 흥미를 갖고 적극적으로 참여하기도 하지만, 때로는 어색해 하고 힘들어 하기도 한다. 따라서 기본적인 PPP 법칙을 적용하면 좋다. PPP 법칙은 영어 교육 수업 구조로 많이 알려져 있지만, 모든 교과에 적용이 가능한 방법이다.

P(Presentation) - 선생님이 활동의 필요성과 중요성에 대해 설명하며 동기 부여를 한다. 그리고 활동의 기본적인 규칙과 방법에 대해 안내를 한다. 이때 한 모둠을 설정해서 시범을 보여주는 것도 좋다.

P(Practice) - 선생님은 학생들이 연습을 통해 내용보다 방법에 익숙해지도록 간단한 내용을 예시로 제시하고 활동의 순서와 방법에 대해 시뮬레이션을 진행한다. 이미 학생들에게 익숙한 활동이라면 이 과정은 생략해도 좋다.

P(Product & Reception) - 학생들 자신이 생각한 것을 실제 활동에서 자유롭게 발언하고 참여하는 시간이다. 단순히 말하는 것에 그치지 않고 상대방의 의견을 경청하는 것도 중요하기에 'Reception(수용)'을 더했다.

색안경 학습과 마인드맵

생수통이 있다고 치자. 생수통을 오른쪽에서 바라본 모습, 왼쪽에서 바라본 모습, 위쪽과 아래쪽에서 본 모습이 모두 다르며 시간에 따라서도 차이가 있다. 태양이 이동하면서 생기는 그림자의 모습이 아침과 오후, 저녁시간 모두 다르기 때문이다. 이처럼 생수통 자체는 변함이 없지만, 이를 바라보는 방향과 시간에 따라 사물의 모습은 얼마든지 다르게 보일 수 있다.

우리가 겪는 사회 문제, 문학 작품, 도덕 교과서의 글도 어떠한 각도에서 바라보느냐에 따라 각자의 견해가 다르다. 빨간색 안경을 쓰면 빨갛게, 파란색 안경을 쓰면 파랗게 보이기 마련이다. 〈색안경 학습〉은 수업 시간에 여러 각도로 생각할 수 있는 단서를 제공하고 친구들과 자연스럽게 이야기하며 생각을 넓고 깊어지게 하는 데 그

의의가 있다.

예를 들어, 《나의 라임 오렌지 나무》를 읽고 색안경 학습을 진행한다고 하자. 수업 진행 순서는 5단계로 나눌 수 있다.

1단계, 먼저 교사 또는 학생이 이야기의 내용을 스토리텔링한다. 교과서의 제재 글, 동화책, 신문의 논설문, 사회책의 사회 문제 등 어떠한 내용이든 가능하다. 만약 국어 교과서에 소개된 작품이라면 교사가 내용 전체를 읽고 들려주어도 되지만, 학생이 중심이 되어 내용을 친구들에게 들려주어도 좋다.

《나의 라임 오렌지 나무》의 경우 장편동화에 속하므로 주요 키워드를 중심으로 이야기를 들려주면 된다. 경우에 따라 교과서에 제시된 글이 영화로 소개된 경우 영화의 주요 장면을 캡처해서 보여주어도 효과적이다.

2단계, 학습할 이야기에 대해 듣고, 주요 핵심 키워드를 뽑는다. 교사는 학생들에게 "선생님이 들려준 이야기에서 가장 핵심이 되는 키워드가 무엇일까요?"라고 묻고, 각자 생각하는 핵심 키워드를 붙임딱지에 1인당 3장씩 적도록 한다. 이후 붙임딱지 3장을 칠판에 붙이고, 같은 키워드를 한곳에 이어서 붙이며 유목화하도록 한다.

3단계, 교실 칠판에 학생들이 붙인 붙임딱지를 정리해서 가장 많이 선택된 핵심 키워드를 5~6장 선정한다. 핵심 키워드를 선정하는 개수의 기준은 반 전체 학생 수를 4로 나눈 수로 한다. 하나의 키워드로 4명씩 이야기하는 것이 효과적이기 때문이다. 학생들은 주요 키워드와 관련해 나누고 싶은 이야기를 활동지에 작성한다.

4단계, 《나의 라임 오렌지 나무》에서 '제제, 뽀르뚜까, 밍기뉴, 가난, 가족'이라는 최종 5개의 핵심 키워드가 선정되었다고 하자. 교실의 책상은 모두 벽 쪽으로 밀고, 교실 중앙에  넓은 공간을 마련한다. 그리고 넓은 공간을 5등분해서 각 구역에 해당하는 핵심 키워드를 표시하고, 개인 방석을 놓아둔다(등분한 공간은 종이테이프를 이용해 바닥에 경계선을 표시하도록 한다).

5단계, 학생들은 모든 구역을 돌아다니며 각 구역에 표시된 핵심 키워드에 대해 친구들과 이야기를 나눈다. 이야기를 나누는 순서는

처음에 '제제' 구역에서 남자A, 남자B, 여자1, 여자2 총 4명의 친구
가 모여서 함께 이야기를 나눈다. 그리고 남자A와 여자1은 다음 구
역인 '밍기뉴'로 이동하고, 남자B와 여자2는 '제제' 구역에 한 번
더 남아 새롭게 '제제' 구역으로 넘어오는 남자C, 여자3과 이야기
를 나눈다. 이야기를 나눈 후 선생님이 종료 박수를 치면, 남자B와
여자2는 '밍기뉴'로 이동해서 다시 남자A와 여자1을 만난다.

또는 모둠별로 계속해서 구역을 이동하며 핵심 키워드에 대해 이야기를 나누어도 된다. 학생들이 이 활동에 익숙하고 질서를 잘 지킨다면 자유롭게 이야기를 나누도록 해도 괜찮다.

〈색안경 학습법〉을 통해서 학생들은 각각의 키워드를 통해 작품을 바라보는 기회를 가지며 작품을 보다 폭넓게 해석하는 계기를 가질 수 있다.

모든 활동을 마치고 나면 작품에 대한 마인드맵을 모둠별로 그려 보도록 한다. 마인드맵 중앙에는 작품명을 쓰고 주변의 1단계 키워드에는 이미 제시된 5개의 키워드를 쓴다. 그리고 나머지 세부 사항을 모둠별로 작성하게 한다.

작성된 마인드맵은 모둠별로 발표를 하고 이를 교실 한쪽에 게시하도록 하면 갤러리 학습 효과를 통해 배움의 기회를 확대해 나갈 수 있다. 미술 전시회의 작품을 보며 여러 작가의 작품 세계를 이해하고 견문을 넓히며 생각을 확장하는 것과 마찬가지로 교실에서 친구 또는 다른 모둠의 학습 결과물을 전시해 놓고 쉬는 시간과 점심시간을 이용해 감상하며 친구들의 생각을 읽을 수 있는 것이다. 이것이 갤러리 학습의 장점이다.

만약 마인드맵 활동을 처음 접하는 학생이라면 화면에 예시를 제시해서 학생들이 방법을 쉽게 파악할 수 있도록 한다.

••• 색안경 학습 활동지 •••

순번	주제어	친구와 함께 나눌 이야기
1		1. 2.
2		1. 2.
3		1. 2.
4		1. 2.
5		1. 2.
6		1. 2.

- 갈무리) 친구와 함께 활동하며 나눈 이야기 중에 가장 인상 깊은 말은 ?

02

글쓰기 워크숍

　학생들이 가장 힘들어 하는 국어 영역이 바로 쓰기이다. 글쓰기는 소재를 발견하는 것에서부터 이를 어떻게 표현하고 설명해야 하는지에 대한 생각이 정리되어야 시작할 수 있다. 따라서 일련의 사고 과정을 신속하게 진행하고 하나의 완성된 문장으로 쓰는 훈련이 필요하다.

　〈글쓰기 워크숍〉에서 가장 중요한 것은 바로 마음 열기이다. 먼저 마음을 열고 편안한 상태에 놓여 있어야 자기의 생각을 자신 있게 글로 표현할 수 있기 때문이다.

　일반적으로 학생들이 글쓰기를 하고 난 뒤 교사가 학생 한 명 한 명의 글쓰기를 지도하기에는 한계가 있다. 그리고 학생들은 자신의 글을 다시 읽으며 스스로 고치고 부족한 부분을 채울 수 있는 능력이 아직은 부족하다. 따라서 글쓰기에 함께 참여하고, 때로는 교사의 피드백을 받고, 때로는 스스로 피드백을 하며 글쓰기 능력이 즐겁게 향상될 수 있는 방법을 찾아보아야 한다.

글쓰기는 아이들이 썩 좋아하는 활동이 아니고, 개인 활동이라는 생각이 짙다. 따라서 모둠별 또는 반 전체 학생 단위로 함께 참여하는 〈글쓰기 워크숍〉을 교실에 적용하면 아이들이 보다 흥미롭게 적극적으로 수업에 참여할 수 있다.

같은 것을 보고 같은 경험을 한다 할지라도 이를 표현하는 방식에는 사람마다 차이가 있다. 예를 들어, 지난 주말 친구의 생일파티 이야기를 학생들의 일기장에서 확인해 보면 각자 보고 듣고 느낀 것들이 다르다는 것을 쉽게 확인할 수 있다. 바라보는 관점, 배경지식의 차이, 받아들이는 생각과 느낌이 다르기 때문이다. 그래서 각각의 글이 재미있고 호기심을 유발한다.

먼저 교사는 교실에 특정 상황을 단계별로 제시한다. 학생들은 각 단계별로 펼쳐지는 상황 변화를 자세히 관찰하고 이를 종이에 적고 발표하는 형식이다.

예를 들어, 선생님이 교실에 들어와 화분에 물을 준다고 하자. 학생들은 그 장면을 보고 각자 나름대로 관찰한 상황을 글로 쓰고 선생님은 학생들이 쓴 글을 발표하도록 한다.

"파란색 체크무늬 남방과 청바지를 입으신 선생님께서 교실로 들어오셨다. 밝은 표정의 선생님은 제일 먼저 교실 한쪽의 화분에 시선을 고정시켰다. 그리고 노란색 분무기에 물을 담아 화분에 물을 뿌리셨다. 갈증에 지쳐 있던 화분들이 상쾌하게 기지개를 켜는 듯하다."

"머리부터 발끝까지 푸른 빛깔의 옷을 입으신 선생님이 교실로 오셔서 제일 먼저 화분에 물을 주셨다. 웃음을 머금고 분무기를 이용해 화분의 흙이 충분히 젖도록 물을 주셨다. 선생님은 기분이 좋으신 듯 표정이 밝다."

학생들은 같은 상황을 두고 친구들이 어떻게 글을 썼는지 확인한다. 아이들은 같은 상황을 보고 다르게 글을 써가는 것에 흥미를 느끼고, '아~ 저렇게 글을 쓸 수도 있구나' 하면서 즐겁게 글을 써

내려간다. 교사는 다음 단계의 상황을 설정해 주고 같은 방식으로 글을 쓰도록 지도할 수 있다.

상황을 제시하는 방법에는 크게 세 가지가 있다.

첫째, 교사가 중심이 되어 특정 상황을 제시한다. 예를 들면, 선생님이 체육 시간에 무엇을 할까 고민하며 여러 가지 놀이를 해본다. 제기차기, 림보게임, 티볼게임 등을 하는 모습을 교실에서 보여준다. 학생들은 선생님의 모습을 자세히 관찰하며 옷차림, 행동, 표정 등을 보고 상황을 묘사하고 발표한다. 경우에 따라 선생님이 아닌 학생이 자유롭게 행동으로 보여줄 수도 있다. 또한 특정 모둠에서 무언극을 보여주고 이를 학생들이 글로 표현할 수도 있다. 무언극일 경우 상황 묘사와 더불어 상상력을 가미해 즐겁게 이야기를 꾸며낼 수 있다.

둘째, 모둠별로 간단한 상황극을 5단계로 나누어 제시한다. 1단계를 시연한 뒤 학생들은 글을 작성 및 발표하고, 2단계, 3단계, 4단계, 5단계까지 동일한 방식으로 진행한다.

셋째, 영상을 제시하고 학생들이 영상에 제시된 주인공의 모습과 상황, 그밖에 자신이 관찰한 것을 글로 쓰게 한다. 교사는 1~2분 정도의 짧은 영상을 준비해 10~20초 단위로 끊어서 학생들에게 영상을 보여주고, 학생들은 선생님이 보여준 영상에 대해 글을 쓰고 발표하는 시간을 갖는다.

교사는 학생들이 글을 쓰고 발표할 때 직접적인 피드백을 줄 수도 있지만, 학습자 상호 간 교정과 피드백(Peer Correction and Feedback)이 이루어지도록 해야 한다. 또한 자유롭게 발표하고 이야기할 수 있는 편안한 분위기가 연출될 수 있도록 노력을 기울여야 한다.

〈글쓰기 워크숍〉은 다음 세 가지 장점이 있다.

첫째, 학생 스스로 글을 쓰고 즉각적인 자기 피드백과 교정이 가능해서 아이들이 흥미를 가진다.

둘째, 배움의 대상이 교사뿐만 아니라 친구들도 포함되고, 자기 자신의 생각의 흐름도 큰 배움의 요소가 된다.

셋째, 글쓰기의 내용이 단순한 지식에 그치지 않고 즉각적인 실천으로 이어진다.

교사는 자세히 관찰하는 것을 강조하고 난 후 그 즉시 관찰에 역점을 두고 글을 쓰도록 지도한다. 문장은 짧게 쓰도록 안내하자.

다른 친구들이 쓴 글을 발표할 때 학생들은 자신의 생각과 비교하며 '나도 저렇게 써봐야지' 하는 도전 의식을 느낀다. 또 친구가 다른 관점에서 글을 썼다면, 본인도 관점을 달리 해 글을 써볼 수 있다. 상황과 인물의 묘사뿐만 아니라 자신의 생각과 느낌, 추리가 글에 더해지면 글쓰기가 재미있어진다.

학생 전체가 글을 다 쓰고 나면, 돌려 읽기를 통해 서로 피드백을 해주는 방식으로 활동을 이어갈 수 있다. 글쓰기에 정답은 없으며 스스로의 생각을 가장 효과적으로 정확히 전달하는 것이 중요하다.

교사는 학생들이 자신감을 갖고 적절한 어휘를 찾아 글을 쓰도록 격려해 주는 것이 필요하다. 무엇을 어떻게 쓸지 고민하기보다 거침없이 문장을 써내려가도록 칭찬해 주어야 한다. 고민의 시간을 오래 갖기보다는 일단 글을 쓰고 다시 고쳐 쓰는 방법도 있다는 것을 학생들에게 지도하자.

〈글쓰기 워크숍〉의 핵심은 바로 '관찰'이다. 자세히 관찰하게 되면 관심을 갖게 되고 관심을 가지게 되면 자신의 배경지식 또는 경험과 연결시킬 수 있다. 그럴 때 생각과 느낌, 글감이 화수분처럼 솟아오른다. 이러한 활동을 통해 글에 대한 자신감이 생길 뿐만 아니라 표현력이 커지고, 주변 사람에 대한 관심 어린 시각 또한 가질 수 있게 된다.

03

마피아 수학자

공자는 "知之者不如好之者, 好之者不如樂之者(지지자불여호지자, 호지자불여락지자 : 그것을 아는 사람은 그것을 좋아하는 사람만 못하고, 그것을 좋아하는 사람은 그것을 즐기는 사람만 못하다)"라고 했다. 어떠한 것이든 즐기며 즐겁게 배울 것을 강조한 말이다.

교실에서 학생들이 하는 게임 가운데 가장 몰입하여 즐겁게 참여하는 게임이 마피아 게임이다. 〈마피아 수학자〉 활동은 학습 효율성 피라미드의 '서로 가르쳐주고 설명하기' 활동과 관련이 깊다. 그래서 학생들이 흔히 알고 있는 게임인 마피아 게임과 서로 설명하고 가르치며 배우는 수업 활동을 결합하여 〈마피아 수학자〉를 적용해 보았다.

수학 한 단원 학습을 마치고 나면 교사는 학생들에게 단원평가 문제를 숙제로 제시한다. 즉 반 전체 학생들이 수학 학습지를 푼다. 모르는 문제는 별도로 표시해 두고 풀 수 있는 문제들만 최선을 다해 풀도록 한다. 학습지에는 다소 어려운 문제들이 3~4문제 정도 포함되어 있다. 학생들이 1차적으로 문제풀이를 마치면 〈마피아 수학자〉 활동을 시작한다.

활동을 시작하면 모든 학생들이 책상에 엎드린다. 교사는 모든 학생이 엎드린 가운데, 마피아가 될 친구들의 등을 세 번 두드리면서 마피아를 선발한다. 선생님은 반 학생의 절반이 마피아 또는 또래교사가 되도록 한다. 가르쳐주는 학생과 배우는 학생(시민)의 숫자가 반씩 맞아야 활동 중에 소외되는 학생이 없기 때문이다.

"마피아는 고개를 들어 서로를 확인합니다"라고 안내하면 마피아끼리 서로의 존재를 확인한다. 마피아의 주된 목표는 수학 문제의 정답에 이르지 못하도록 틀리게 가르쳐주는 것이다. 교사는 마피아를 선발할 때 가급적 수학 능력이 우수한 학생을 중심으로 선발하는 것이 좋다. 이후 동일한 방식으로 등을 세 번 두드리면서 또래교사를 선발하고 서로의 존재를 확인하게 한다.

배우는 학생(시민)들은 또래교사와 마피아의 설명을 들으며 마피아를 찾아내는 것이 주된 활동이 된다.

〈마피아 수학자〉 활동을 진행할 때 지켜야 할 중요한 규칙이 세 가지 있다.

　첫째, 또래교사와 마피아는 학생들에게 절대 정답을 알려주어서는 안 된다. 단지, 문제를 어떻게 풀 수 있는지 알려주는 역할만 하도록 한다.

　둘째, 자리에 앉아 배우는 학생(시민)들은 가르쳐주는 친구들에게 최소 1문제씩 모두 설명을 들어야 한다. 이는 누가 제대로 설명하고, 누가 틀린 방향으로 설명하는지 확인해야 하기 때문이다.

　셋째, 배우는 학생(시민)은 2개의 붙임딱지를 작성한다. 한 장에는 가장 친절하게 자세히 설명해 주는 최고의 또래교사를 적고, 다른 한 장에는 자신의 이름과 자신이 생각하는 마피아 2명의 이름을 적는다.

　작성한 붙임딱지는 교실 칠판에 붙이고 교사는 학생들이 작성한 붙임딱지를 살펴본 후 최고의 수학자를 보상하고, 마피아를 찾아낸 학생을 보상하면 된다.

　마지막으로 이 활동을 모든 학생들이 즐겁게 참여하기 위해서는 사전에 제공된 학습지를 모두 완벽하게 공부해 오는 것이 중요하다. 만약 내가 또래교사가 되었는데 정작 문제를 몰라 본의 아니게 마피아로 오해 받을 수도 있기 때문이다. 따라서 마피아 수학자를 진행한다고 사전에 안내하고 충분히 학습지의 문제를 익히고 설명할 수 있을 정도로 준비하도록 한다.

04

설명하는 빙고

학습 효율성 피라미드에 의하면 학생들은 강의를 들은 내용의 5%를 기억하고, 읽은 것의 10%를 기억한다. 또 시청각 수업을 들으면 20%, 집단 토의한 것은 50%, 실제 경험한 것은 75%를 기억한다고 한다. 그런데 서로 가르쳐주고 설명한 것은 90%를 기억한다. 다시 말해 전통적 방식의 수업을 통해서는 수업 내용의 50% 이상을 기억하기가 힘들고, 학생 참여형 수업이 학습 효과가 높다는 것을 증명한다.

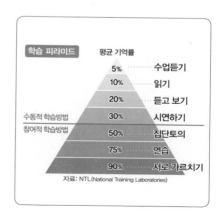

학생들이 흔히 알고 있는 빙고 게임을 학습 활동으로 접목한 것이 〈설명하는 빙고〉이다. 이 활동은 하나의 단원을 마치고 복습하는 의미에서 진행하는 활동이다.

모둠원들은 단원의 주요 내용을 떠올리며 교과서를 찾아가며 핵심 개념을 찾는다. 함께 협의하여 최종 25개의 단어를 작성하고 가로 세로 5×5의 빈 칸에 핵심 단어를 기입한다. 빙고 카드가 모두 완성되고 나면 모둠별로 돌아가며 작성한 25개의 단어 중에서 한 단어씩 발표한다.

여기서 중요한 규칙이 있는데, 단순히 단어 하나를 말하는 것이 아니라, 해당 단어를 구체적으로 설명해야 빙고 단어로 인정받을 수 있다. 예를 들어, "위화도에서 회군하여 막강한 권력을 잡고 국호를 조선으로 짓고, 수도를 한양으로 옮겨 정도전과 함께 조선의 기틀을 만든 사람이다. 바로 이성계이다"라고 최대한 구체적이고 자세하게 설명하는 것이 이 수업 활동의 핵심이다. 따라서 설명이 잘못되었거나 부족하다고 판단되면 교사는 빙고 단어로 인정하지 않는다.

또 순서대로 돌아가며 〈설명하는 빙고〉 활동에 참여하는 것이 중요하다. 모둠에서 누군가 한 명이 설명했다면 다음 기회에는 조금 전 발표한 친구의 옆 친구가 설명하도록 한다. 이와 같은 방법으로 진행하여, 가로, 세로, 대각선에 상관없이 세 줄을 완성하면 빙고라고 외칠 수 있다.

이 활동은 개인별 활동으로도 진행할 수 있는데, 동일한 방식으로 빙고 카드를 작성한 후 모둠 친구들끼리 진행해도 좋다.

활동의 참여도와 수업의 효과를 높이고자 한다면 다음의 세 가지 규칙을 제시하는 것이 좋다.

첫째, 다른 모둠 친구가 핵심 개념을 설명하는 데 집중하지 않고 떠들 경우 떠든 모둠은 빙고 단어를 말할 수 있는 기회를 1회 잃게 된다.

둘째, 교과서에 제시된 내용이 아니어도 선생님이 수업 시간에 설명하거나 예시로 안내한 단어를 적을 수도 있다.

셋째, 핵심 개념을 설명할 때 학생들은 친구들에게 스무고개를 하듯 하나씩 힌트를 제공하며 다른 친구들이 이 단어를 추측할 수 있도록 한다.

이와 같이 〈설명하는 빙고〉는 자신이 배운 내용을 자신의 언어로 다시 한 번 이야기하면서 이해와 암기를 쉽게 할 수 있다는 장점이 있다. 또한 모둠의 모든 친구들이 25개의 핵심 단어를 숙지하고 있어야 활동에 유리하기 때문에 자연스럽게 서로 가르쳐주고 설명하는 모습을 볼 수 있다. 자발적으로 교과서의 내용을 살피고 읽어보며 정리하는 자기주도적인 학습에도 효과가 있다.

••• **설명하는 빙고** •••

( )조

05

생각의 피자판

1953년 미국 예일대에서는 졸업생을 대상으로 삶의 명확한 목표를 기록으로 가지고 있는 학생이 얼마나 되는지 조사했다. 그런데 조사 학생 가운데 단 3%의 학생들만이 자신의 목표를 기록해서 갖고 있었다. 이후 20년이 지난 1973년, 당시 조사에 참여했던 학생들에 대한 추적 조사를 실시했다. 그 결과 자신의 목표를 기록해서 가지고 있던 3%의 사람들이 소유한 재산은 나머지 97% 사람들 모두의 재산을 합친 것보다 많았다고 한다.

이지성의 《꿈꾸는 다락방》에서 저자는 꿈을 이루는 공식을 'R=V · D'라고 소개한다. 현실(Realization)은 생생히(Vivid) 꿈(Dream)을 꿀 때 이루어진다는 것이다. 또 론다 번의 《시크릿》에는 끌어당김의 법칙이 소개된다. 당신이 꿈꾸는 모습을 계속 생각하고 상상하면 그 꿈이 현실이 된다는 것이다.

그렇다면 학생들의 꿈과 계획을 보다 자세히, 구체적으로 시각화할 수 있는 방법은 없을까?

학생들이 보다 창의적이고 신선한 발상을 할 수 있는 방법이 없을까 고민하던 차에 액션러닝(Action learning) 기법 중 〈생각의 피자판〉을 수업에 적용해 보았다. 이 활동은 사회, 도덕, 과학, 국어 등 다양한 교과서에서 가장 효과적인 해결책을 제시하거나 다양한 아이디어 도출이 목표인 경우 수업에 적용할 수 있다. 이를테면 '우리 사회의 비리를 척결할 수 있는 방법은 무엇일까?' '민주적으로 의사를 결정하는 방법은 무엇일까?' '환경 보존과 경제 성장이라는 두 마리 토끼를 잡을 수 있는 방법은 무엇일까?' '교통사고를 줄일 수 있는 방법은 무엇일까?' 등 여러 가지 사회 문제를 두고 창의적인 해결책을 제시하는 방법에 대해 〈생각의 피자판〉을 적용할 수 있다. 강제 결합 법칙을 통해 전혀 관련 없는 두 개의 요소에서 각각의 특성을 살펴 연결점을 찾는 것이다.

예를 들어 방학을 알차게 보낼 수 있는 방법에 대해 생각해 본다고 하자. 교사는 세 개의 동그라미가 그려져 있는 스케치북을 모둠별로 제공한다. 제일 작은 첫 번째 동그라미, 그보다 조금 큰 두 번째 동그라미, 그리고 제일 큰 세 번째 동그라미가 있다.

첫 번째 동그라미에는 함께 생각해 볼 문제인 '방학을 알차게 보낼 수 있는 방법은 무엇일까?'를 붙임딱지에 써서 붙이고 학생들의

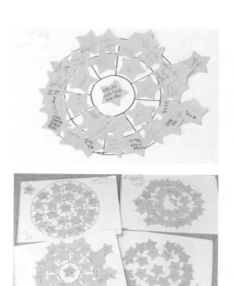

삶 속에서 자주 접하고 친숙한 물건 하나를 선정한다. 가령, 스마트폰이라고 정했다고 하자. 붙임딱지에 '스마트폰'이라고 쓰고 이를 생각해 볼 문제 위에 덧붙인다. 즉, 첫 번째 동그라미에 스마트폰이라는 붙임딱지가 붙여져 있는 것이다. 이어서 학생들은 '스마트폰' 하면 연상되는 단어를 자유롭게 붙임딱지에 써서 두 번째 동그라미에 붙인다. '인터넷, TV, 메모, 유튜브, 이메일, 영상통화, 메신저, 게임, 컴퓨터, 아빠, 저축' 등 다양한 연상 단어를 가감 없이 두 번째 동그라미에 붙인다.

스마트폰으로 연상된 단어를 모두 작성해서 붙였다면, 다음으로 첫 번째 동그라미에 붙여져 있던 스마트폰 붙임딱지를 떼어낸다. 그러면 함께 생각해 볼 문제 '방학을 알차게 보낼 수 있는 방법은 무엇일까?'가 보이게 된다.

끝으로 생각해 볼 문제와 스마트폰으로 연상된 단어를 강제 결합시켜 창의적인 생각을 하도록 한다. 다시 말해 인터넷과 알찬 방학을 연관 지어 생각해 보는 것이다. "알찬 방학을 보내기 위해 인터넷 사용을 자제하도록 한다. 사용 시간은 1시간으로 정한다""알찬 방학을 보내기 위해 인터넷을 이용해 이러닝 학습으로 예습한다" 등과 같은 아이디어를 정리할 수 있다. 즉, 전혀 관련 없는 두 개의 요소를 결합하여 새로운 생각을 하는 강제 결합 활동을 하는 것이다.

알찬 방학과 아빠를 결합하여 "아빠와 여행을 함께하며 방학 동안 추억을 만든다""방학 동안 아빠와 하루 30분씩 함께 공부하며 수학 실력을 쌓고 싶다""아빠에게 알찬 방학에 대한 도움말을 듣도록 한다"와 같은 아이디어를 낼 수도 있다. 아이디어의 개수에는 제한이 없고, 다른 친구의 의견을 참고하여 생각을 넓혀갈 수 있다.

이렇게 작성한 〈생각의 피자판〉은 조별로 돌아가며 정리된 내용을 반 전체 친구들에게 발표할 수 있다. 결과물은 교실 한쪽에 전시하여 갤러리 학습으로 활용하며 배움의 범위를 극대화할 수 있다.

〈생각의 피자판〉 활동은 교과 수업의 활동뿐만 아니라 자신의 꿈, 진로에 대해서도 적용해 볼 수 있다. 이 활동은 생각의 과정들

을 모두 기록으로 남기는 데 의의가 있으며, 메모를 하면서 많은 사람과 공유할 수 있다는 장점이 있다.

06

또래교사

〈또래교사〉는 학생들 서로가 서로의 선생님이 되어 가르치고 배우는 활동으로, 학습 효율성 피라미드에서 가르쳐주고 설명하는 것이 학습 효율성에서 가장 높다는 것을 실제 수업 활동에 적용한 것이다. 이 활동은 나도 누군가에게 도움을 줄 수 있고, 또한 도움을 받을 수 있음을 알게 하며 겸손과 베풂의 의미를 느끼게 할 수 있다.

〈또래교사〉 활동은 학생들이 매일 작성하는 질문노트를 활용한다. 질문노트는 숙제를 하거나 평소 공부를 하다가 궁금한 것, 이해가 되지 않은 것을 메모해 놓는 노트이다. 〈또래교사〉는 바로 이 질문노트에 적힌 질문들을 해결하는 수업 활동이다.

먼저 과목에 상관없이 일주일이나 이주일 동안 공부하면서 이해하지 못했던 문제를 A4 절반 사이즈의 종이에 적는다. 교사는 교실을 크게 4개 구역으로 나눈다(예를 들어, 교실 오른쪽 벽, 칠판, 교실 왼쪽 벽, 교실 뒤쪽으로 나눈다). 교사는 각 영역에 해당하는 과목(국어, 수학, 사회, 과학)을 안내하고, 학생들이 작성한 질문지를 각 해당 영역에 붙이도록 한다. 1인당 붙일 수 있는 질문지의 개수는 제한이 없다. 작성이 모두 끝나면 학생들은 자리에서 일어나 종이에 적힌 질문들을 확인하고 자신이 가르쳐줄 수 있는 문제를 선택한 뒤 교과서나 기타 자료를 활용해 친구에게 설명해 주도록 한다. 이때 내가 가르쳐주거나 친구가 나를 가르쳐주려는 상황이 동시에 생길 경우, 배우는 것을 먼저 하도록 한다.

친구가 적은 질문지를 보고 나도 궁금하거나 같이 배우고 싶은 것이 있다면 종이 옆에 "Together OOO(자기 이름)"을 쓰면 된다. 이런 경우 가르쳐줄 수 있는 친구는 배우고 싶은 두 명 모두에게 설명을 한다. 궁금증이 해결된 친구는 질문지 하단에 문제를 해결해 준 친구의 이름을 적고 상단에 별표를 표시한다.

모든 활동이 끝난 후에는 배우고, 느낀 것을 발표하도록 한다.

질문지에 꼭 교과 지식 이해와 관련된 질문만을 쓸 필요는 없다. 예를 들어, '《마당을 나온 암탉》'을 읽었더니, 마지막 장면에서 잎싹이가 족제비의 먹이가 되는 장면을 보고 잎싹이는 도망치려 노력했어야 한다. 왜냐하면 초록이의 엄마이고, 초록이를 위해서 건강하게 살아 있어야 한다고 생각한다. 친구들의 의견은 어떠한지 궁금하다'는 식의 문제 제기와 의견 교환의 내용을 쓰고 토론을 펼쳐도 상관없다.

마찬가지로 사회과에서 〈국토의 개발이냐 보전이냐〉는 단원을 읽고 '개발과 보전의 두 마리 토끼를 잡을 수 있는 방법은 없을까'라는 식의 토의 문제를 제기하며 해결 방법을 함께 모색해 보는 것도 좋다.

〈또래교사〉 활동을 진행하다 보면 몇 가지 문제가 발생한다. 예를 들면 질문을 해결해 줄 친구가 없는 경우가 있다. 이럴 경우 선생님이 나서서 문제를 해결해 주고 모든 활동이 끝난 뒤 반 전체 학생들을 대상으로 설명해 주는 교사 중심 수업으로 진행해도 좋다.

때로는 가르쳐주려는 학생이 여러 명 있는 경우도 있다. 이때 이미 다른 친구에게 배우고 있다면 가르쳐주고 싶었던 다른 학생은 붙임딱지에 간단히 해법을 써서 질문지에 붙여놓아도 좋다. 활동을 할 때는 소란스럽지 않게 소곤소곤 이야기할 수 있도록 하여 배려하는 교실이 되도록 지도한다.

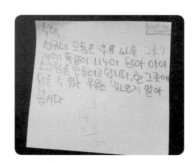

07

조각연극

　학생들이 같은 책을 읽고 책에서 가장 인상 깊었던 한 장면을 선정해서 연출하여 친구들에게 보여주는 활동이다.

　예를 들어《마당을 나온 암탉》에서 잎싹이가 초록이를 보내고 마지막에 족제비의 먹이가 되는 장면을 〈조각연극〉으로 만든다고 하자. 각자 잎싹이, 초록이, 족제비, 족제비 새끼들, 몇 명은 나무가 되어 한 장면을 멈춤 상태로 표현한다. 그리고 해당 장면에 대해 친구들과 함께 이야기를 나누며 다른 친구들이 이 상황을 추측하고 어떠한 대화 내용이 전개될지 예상해 본다.

　교사는 조각연극을 보고 다음과 같은 질문들을 던지며 토의토론을 이끌 수 있다.

　"잎싹이는 왜 족제비의 먹이가 되었을까?"

"왜 저항하지 않았을까?"

"초록이가 다시 돌아왔을 때 엄마가 없는 것을 알면 마음이 어떨까?"

교사는 조각연극을 보고 어떠한 상황일지 적극적으로 이야기하도록 분위기를 조성하는 것이 중요하다. 토의토론을 통해 제시된 상황에서 학생들은 자신의 생각과 친구들의 생각을 비교하며 효과적인 해결 방법을 모색해 볼 수 있다.

이외에도 장면으로 구현할 수 있는 소재는 무궁무진하다. 예를 들면 도덕 교과서에 제시된 걱정거리, 가치 갈등, 문제 상황 등을 나타내고 함께 이야기 나누어볼 수 있다.

먼저 모둠별로 학교나 가정에서 친구와 부모님 그리고 선생님과 겪게 되는 갈등 상황을 생각해 본다. 그리고 모둠별로 선정한 장면을 표정과 몸짓으로 표현한다. 다른 모둠의 친구들은 조각연극을 보고 어떠한 장면인지 추측하며 각 인물들의 감정 상태와 대화 내용을 상상하며 이야기한다. 그리고 이와 비슷한 경험을 했을 때의 상황을 이야기하고 나라면 어떻게 이야기하고 해결했을지 공유한다. 끝으로 조각연극을 준비한 모둠원들이 조각연극으로 해당 장면을 선택한 이유와 느낌을 이야기한다.

예를 들어, 모둠에서 부모와 아이와의 갈등 상황을 조각연극으로 나타냈다고 하자. 교사는 부모 역할을 한 아이에게,

"기분이 어떤가요?"

"아이를 사랑하면서 그렇게 이야기한 까닭은 무엇인가요?"
아이 역할을 한 아이에게,
"네가 부모님께 듣고 싶은 말은 뭐야?"
"부모님의 마음, 의도는 무엇일까?"라고 묻는다.

학생들은 조각연극을 통해 실제 당사자의 입장이 되어 보고 친구들의 생각을 함께 공유하며 제기된 문제에 대해 심도 있게 토의토론을 한다. 마지막으로 학생들이 느끼고 알게 된 것을 발표하고 교사는 오늘 제시된 갈등 상황이나 문제 상황에 대한 조언을 나누며 수업을 마무리한다.

교과 틀을 깨다

PART

5

교과서
토의토론

 미래 사회를 살아갈 학생들이 갖춰야 할 능력 중 하나가 바로 리더십이다. 훌륭한 리더가 되기 위해서는 구성원 간의 갈등을 해결하고 의견을 조율하는 능력, 의사소통의 능력, 상황 판단과 분석력 등이 필요하다.

 리더로서 갖춰야 할 역량을 기르기에 효과적인 학습법 중 하나가 토의토론이다. 정답이 존재하는 문제를 빠르게 풀어내는 일은 컴퓨터가 대체해 가겠지만, 여러 가지 대안들을 생각해 내고, 분석하고, 구성원의 이해관계, 갈등 상황을 조율, 조정하며 최종 의사를 결정하는 것은 인간이 해야 할 영역이다. 이는 단순히 이성적인 판단으로만 해결되는 것이 아니며, 각 개인의 특성과 상황 그리고 감정 영역까지 고려해야 한다. 민주적인 의사 결정 과정인 토의토론은 학교에서부터 학습되므로 함께 논의하는 문화가 정착되려면 교사는 학생들에게 올바르고 합리적인 토의토론의 과정을 지도해야 한다.

01

사칙연산 토의토론

〈사칙연산 토의토론〉은 강점(Strength)과 약점(Weakness), 기회(Opportunity)와 위협(Threat) 요인을 분석하는 SWOT 기법에서 영감을 얻어 학교 수업에 맞게 변형한 활동이다.

사칙연산에서 각각의 기호가 의미하는 것이 있다. 더하기는 발전적 아이디어를 뜻하는 것으로 현재의 상황에서 새롭게 추가했으면 하는 것을 의미하며, 빼기는 약점을 의미하는데 현재 상황에서 중단하거나 삭제했으면 하는 것을 뜻한다. 곱하기는 강점을 의미하는 것으로 현재의 것 중에서 지속적으로 계속해서 진행되었으면 하는 것을, 나누기는 나의 노력에 해당하는 것으로 현재 상황을 발전시키기 위해 내가 가진 것 중에서 나누고 베풀 수 있는 것을 의미한다.

사칙연산 토의토론은 개선해 나가야 할 문제에 대해 깊이 있게 분석하고 또한 내가 어떠한 도움을 줄 수 있을지 살펴보는 데 초점이 맞춰져 있으며, 학급회의를 하거나 협동을 통해 문제를 해결할 때 효과적으로 사용할 수 있는 기법이다.

예를 들어, 좋은 학급을 만들기 위한 학생들의 구체적인 노력에는 무엇이 있을지 함께 토의토론을 한다고 하자. 사칙연산 토의토론은 총 3단계로 진행이 가능하다.

첫 번째는 동기부여 및 개념 확인 단계이다. 먼저 교사는 '좋은 학급이란 어떤 학급일까?'라는 질문을 던지고 함께 지향하는 좋은 학급에 대한 모습을 머릿속에 그려보는 활동을 진행한다. 이후 학생들이 이야기를 하고 교사는 마인드맵으로 학생들의 의견을 정리해 보거나 학생들이 모둠별로 모둠 스케치북에 생각을 자유롭게 적어보는 것도 하나의 방법이다.

두 번째 단계는 첫 번째 단계에서 제시된 좋은 학급에 대한 모습을 구현하기 위해 현재 상황을 분석하고 향후 발전 방안을 모색하는 토의토론의 실행 단계이다. 교실의 모둠별 스탠드에 다음과 같

은 물음이 적힌 종이를 올려놓는다. 하나의 스케치북에는 한 개의
질문이 적혀 있다.

– (더하기) 좋은 학급이 되기 위해 새롭게 학급에 적용하고 싶은 것은 무엇인가요?
– (빼기) 좋은 학급이 되기 위해 현재 진행되는 학급 활동 중 줄이거나 없애야 할 것
 은 무엇인가요?
– (곱하기) 현재 진행 중인 학급 활동 가운데 꾸준히 발전, 진행시켜나가야 할 것은
 무엇인가요?
– (나누기) 좋은 학급이 되기 위해 내가 친구나 학급을 위해 도움을 줄 수 있는 것은
 무엇인가요?

앞의 네 가지 물음에 대해 학생들은 각자 붙임딱지에 자신의 생

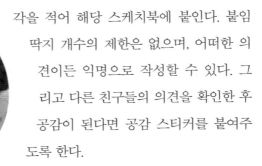

각을 적어 해당 스케치북에 붙인다. 붙임 딱지 개수의 제한은 없으며, 어떠한 의견이든 익명으로 작성할 수 있다. 그리고 다른 친구들의 의견을 확인한 후 공감이 된다면 공감 스티커를 붙여주도록 한다.

네 개의 스탠드를 이용해 스케치북을 세우고 학생들은 돌아다니며 의견을 쓴다. 공감 스티커를 붙이는 활동이 끝나면 교사는 학생들이 작성한 내용을 칠판에 붙이고 검토한다. 이후 가장 공감을 많이 받은 것들을 중심으로 내용을 정리한다.

사칙연산 토의토론은 여름방학 계획을 세우기 위한 활동으로도 적용이 가능하다. 자신에게 더해야 할 습관, 제거해야 할 습관, 더욱 강점화해야 할 것, 그리고 나눔을 실천할 것들을 분석해서 시각화한다. 브레인스토밍을 통해 다양한 아이디어를 펼쳐놓고 각각의 아이디어에 대한 분석에 들어가는 것이다. 이를 통해 교사는 아이들에게 스스로 학습하고, 삶을 설계할 수 있도록 도움을 줄 수 있다.

02

사분면 토의토론

학급에서 토의토론 수업 기법을 적용할 때 주의할 점은 '그들만의 무대'가 되어서는 안 된다는 것이다. 소위 말 잘하고 똑똑하고 목소리 큰 아이만 주도권을 잡고 이야기하는 수업이 되어서는 안 된다. 대부분의 학생이 구경만 하고 참여의 동기와 의욕이 사라진 채 수업이 진행된다면 효과적인 수업이라 할 수 없다. 따라서 모두가 함께 동시에 참여하고 의견을 평등하게 제시하는 기본적인 원칙이 필요하며 적절한 재미와 흥미를 느낄 수 있는 요소도 포함하면 더욱 좋다.

토의토론을 많이 접하지 못한 선생님들은 대개 토의토론 수업이라고 하면 책상을 교실 양쪽에 배치시키고 중앙을 향해 바라보게 하는 책상 배치를 먼저 떠올린다. 물론 찬반 대립토론이라면 이런 경우가 일반적이지만 교실에서 토론 대회를 준비하는 것이 아니라면 모두가 함께 참여하고 즐길 수 있는 활동 중심의 토의토론 형식으로 진행하는 것이 바람직하다.

앞서 소개한 〈사칙연산 토의토론〉을 진행했다면 이제 학생들이 작성한 더하기, 빼기 영역에서 어떠한 프로그램과 활동을 도입하고 삭제할지를 결정해야 한다. 각각의 아이디어에 대한 면밀한 검토와 분석을 통해 최종 결정을 해야 하는 것이다. 이때 적용하는 기법이 바로 〈사분면 토의토론〉이다.

먼저 더하기, 빼기에서 나온 대표 의견을 5개씩 뽑은 뒤 사분면 토의토론을 진행한다.

사분면 토의토론 활동에서는 가로축과 세로축에 최종 의견 선택의 기준이 되는 요소를 두고, 부합 정도에 따라 가로축과 세로축에 의견이 위치하게 한다.

예를 들어, '마니또 활동'을 학급에 적용하고자 할 때 가로축에는 학생들이 느끼는 만족감과 행복감을, 세로축에는 배움과 학습의 효과성을 둔다. 그리고 학생들은 만족과 행복감 그리고 배움과 학습의 효과성을 감안하여 1~4분면에 해당 의견을 붙일 수 있다.

1사분면에 위치하더라도 그 수치 정도에 따라 다른 곳에 의견을 붙일 수도 있다. 즉 '0은 보통, 1은 조금 긍정, 2는 많이 긍정, 3은 아주 많이 긍정'을 뜻한다. 반대로 '−1은 조금 부정, −2는 많이 부정, −3은 아주 많이 부정'을 의미한다. 따라서 같은 1사분면이라 할지

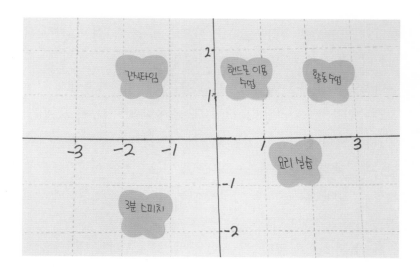

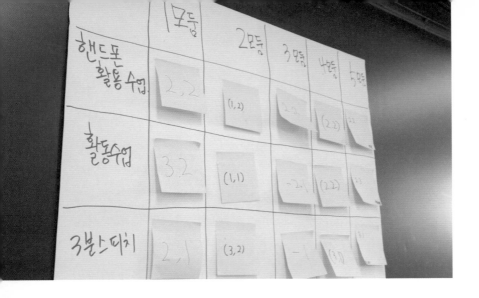

라도 그 수치가 모두 다르다. 예컨대 1사분면의 [1, 1]은 만족과 행복감이 '조금', 배움과 학습의 효율성도 '조금'이다. 또한 만족감과 행복감이 높고, 배움과 학습의 효과성이 높은 것은 [3, 3]으로 표기한다. 반면 정반대의 경우는 [-3,-3]으로 표기한다. 이처럼 각각의 아이디어를 심층적으로 분석하는 과정을 거친다.

이와 같은 방식을 통해 모둠별로 각각의 아이디어에 대해 구체적인 수치를 받는다. 마니또 [2, 2], 교실 올림픽[3, 3], 체력훈련[1, -2]처럼 말이다. 교사는 전체 모둠의 각 아이디어에 대한 수치를 합산해서 가장 높은 수치의 아이디어를 가장 엄선된 아이디어로 선정할 수 있다. 모든 수업을 마친 후에는 토의토론을 진행하며 느낀 점과 배울 점을 발표하도록 한다.

학생들은 회의를 통해 본인들이 선생님께 요구하는 사안들을 객관적으로 들여다보는 계기를 가질 수 있다. 우리 반 학생들은 수업 시간에 '간식 시간'을 꾸준히 요구해 왔고, 이는 '더하기' 영역에서 많은 호응을 얻었다. 그런데 사분면 토의토론에서 정작 '간식 시간'이 우리에게 행복감과 만족은 많이 주지만, 실제 학습의 효과성은 떨어진다는 것을 스스로 판단할 수 있었다.

토의토론의 가장 큰 의미는 의사 결정된 내용이 현실에 반영되는 것이다. 따라서 의사결정 과정을 통해 최종 결정된 의견은 교사가 적극적으로 수용해 주어야 한다. 그래야 어떠한 문제에 대해서든 자발적으로 토의토론의 과정을 통해 해결 방법을 찾고자 노력할 것이기 때문이다.

사진 한 장 토론

　사진 한 장으로도 아이들의 생각을 자극하고 충분한 토의토론을
진행할 수 있다.

　인터넷 검색 사이트에 "의미 있는 사진(그림, 일러스트)"을 검색하
면 사진 한 장으로 강렬한 메시지를 주는 그림을 찾을 수 있다. 또
는 교사가 평소 인터넷 검색을 하다가 발견한 인상적인 사진도 잘
저장해 두면 좋은 수업 자료로 활용할 수 있다.

　교사는 다음과 같은 말로 수업을 시작한다.

　"우리는 다양한 매체를 통해 의사소통을 하죠. 의사소통은 말로
만 하는 것이 아니라 손, 표정, 몸동작, 문자, 이모티콘, 음악, 그림
등 다양한 형태로 가능합니다. 선생님이 지금부터 그림 한 장을 여
러분에게 보여줄 겁니다. 이 그림을 보면서 그림을 그린 작가가 우

리에게 전달하고 싶어 하는 메시지를 생각해 봅시다. 선생님이 나누어준 종이를 두 번 접은 후 다시 펴세요. 4칸이 나오지요. 첫 번째 칸은 1단계이고, 1단계는 사실 파악의 단계로 보여주는 그림에서 관찰되는 것을 모두 적어보세요."

교사가 그림을 보여주면 아이들은 1단계에서 있는 그대로의 사실, 직관적으로 보고 확인할 수 있는 것만 작성한다.

"2단계는 의도 파악 단계로 작가가 이 그림을 통해서 우리에게 말하고자 하는 것이 무엇인지 친구들과 토의를 하고 각자 적어보도록 할게요. 2단계는 종이의 두 번째 칸에 작성하면 됩니다."

"3단계는 문제 해결 단계입니다. 작가가 이 그림을 그린 의도가 있지요. 사람들의 OO한 모습에 경종을 울리기 위해 그린 것 같아요. 그렇다면 이러한 문제를 해결하기 위한 방법에는 어떤 것들이 있을지 토의해 봅시다. 그리고 종이의 세 번째 칸에 적어봅시다."

"4단계는 총평 단계입니다. 작가가 말하고자 하는 의도와 그림 간의 관계를 자세히 살펴보고, 전체적으로 그림을 평가해 보도록 합시다. 잘된 점과 아쉬운 점, 만약 내가 같은 주제의 그림을 그린다면 어떻게 다르게 그릴지도 생각해 봅시다. 4단계는 종이의 마지막 칸에 적도록 합니다."

사진 한 장으로 학생들은 작가의 의도 해석은 물론 자신의 일상도 돌아보고 문제 해결에 대한 실마리도 찾아볼 수 있다. 사진 한 장이지만 아이들의 뇌리에는 꽤 오래 남아 있을 것이다. 이처럼 특별한 준비 없이 사진 한 장으로도 충분히 아이들의 사고력을 신장시킬 수 있다. 학생들이 작성한 활동지는 포트폴리오 책자에 잘 보관해 두면 좋은 성장일지가 된다.

탐구 미션 실험

과학 실험은 대개 교사가 준비물을 준비하고 학생들은 실험의 순서에 따라 수업에 참여하는 경우가 많다. 즉 교사가 밥상을 차려놓으면 학생들은 떠먹는 형태의 수업이다.

그런데 기본적인 실험 도구를 제외한 나머지 실험 재료에 대해서는 학생들이 모둠별로 탐구하고 토의토론하며 재료를 결정하게 해보자. 이러한 수업의 형태로 진행할 경우 학생들은 본인이 가진 과학적 지식을 총동원하게 되고, 대화를 통해 협의하고 최종 의사결정을 하게 된다. 자연스럽게 과학적 탐구능력과 논리적 대화가 이루어지게 되는 것이다.

기존의 과학 실험 방식은 교사가 학습 목표에 도달하기 위해 관련 실험을 설계하고 실험 도구를 준비하여 순서를 안내하는 것이

보편적이었다. 좋은 수업은 학생들이 선생님의 안내에 따라 실험을 안전하게 수행하고 예상된 결과를 도출해 내는 것을 뜻했다.

그런데 이제는 조금 늦더라도, 설령 많은 것을 배우지 못한다 할지라도, 스스로 탐구하고 설계해 보며 실패를 통해 교훈을 얻게 하는 수업이 필요하다. 지식은 이미 컴퓨터와 로봇들이 인간보다 훨씬 더 많이 그리고 정확하게 저장하고 있지 않은가?

넛지 효과라는 말이 있다. 넛지(nudge)는 '옆구리를 슬쩍 찌른다'는 뜻으로, 넛지 효과는 강요하지 않고 유연하게 개입함으로써 선택을 유도하는 방법을 말한다. 공중 화장실에 가면 남자 소변기 안에 파리 스티커가 붙어 있는 것을 자주 볼 수 있다. 화장실의 청결함을 유지하기 위해 잔뇨가 흐르지 않도록 고안한 아이디어다. 사소하지만 재미있는 작은 아이디어가 사람들의 의식과 행동을 변화시키는 것이다.

과학 수업 시간에 이 같은 넛지 효과를 적용해 보자. 기존의 교사 가이드 라인을 따라가는 실험은 지양하자. 교사는 학습 목표 도달을 위한 실험 재료들만 제공하고, 학생들이 직접 실험 도구를 선택하고 설계하며 실험하고 탐구하고 분석하게 해보자.

이 활동은 실험 설계에서 진행 그리고 결과까지 학생들이 스스로 구성하고 예측하고 결과를 확인하는 데 의의가 있다. 그리고 게임이라는 요소를 더해 수업의 말미에 승패를 가리도록 함으로써 경쟁심을 적절히 자극시킨다. 교사가 준 것은 작은 변화지만, 아이들의 수업 태도에 획기적인 변화를 가져올 수 있다.

5학년 과학 교육 과정에 제시된 〈보온병 만들기〉에 이 활동을 적용해 보자.

교사는 모둠별로 1만원을 제공하고 모둠원들은 협의해서 최상의 보온병을 만들기 위한 재료를 교사로부터 구입한다. 재료를 활용하여 보온병을 만들고 온도 변화가 가장 적은 보온병을 만든 모둠이 우승하게 된다. 수업 단계는 다음과 같다.

수업은 모둠별로 진행되며 모둠 인원은 4~5명으로 구성한다. 교사는 포일 10cm에 1,000원, 뽁뽁이 10cm에 2,000원, 테이프 1개 500원 등과 같이 물건에 가격을 책정한 뒤 재료로 제시한다. 학생들은 모둠 토의를 통해 최고 품질의 보온병을 만들기 위해 필요한 도구가 무엇일지 토의한다.

다양한 재료들 가운데 예산 1만원 범위 내에서 서로 토의하여 재료를 선정하고 어떻게 활용할지 정한다. 최종 결정 후 모둠별로 실험 재료를 구입하여 보온병 만드는 활동을 진행한다. 그 결과 온도 변화가 가장 적은 보온병, 즉 최상의 보온병을 만든 모둠이 우승하게 된다. 활동이 끝나면 어떻게 생각하고 보온병을 만들게 되었는지 발표하도록 한다.

〈탐구 미션 실험〉 수업을 통해 학생들은 본인의 과학적 지식을 친구들에게 설명할 기회를 가질 수 있다. 이 과정을 통해 본인이 무

엇을 알고 무엇을 모르는지 확인할 수 있다. 또한 친구들의 설명을 들으며 '친구들은 과학적 지식이 풍부하구나' 하며 도전 의식을 느끼고 점차 과학에 대한 호기심도 갖게 된다.

이 수업은 최종 미션과 승패가 존재하는 수업이다. 따라서 학생들의 자발적인 참여와 학습 동기를 높일 수 있다. 보온병 만들기 실험 외에도 고무동력기 만들기 등 과학적인 상상력과 창의력을 이끌 수 있는 만들기 실험에 적용이 가능하다.

또한 학생들이 모둠별로 아이디어를 낼 때 붙임딱지에 자신의 의견을 써보게 하는 브레인라이팅 기법을 활용할 수 있다. 즉, 보온병 수업의 경우 어떻게 하면 열의 손실을 차단하거나 줄일 수 있을까

에 대한 아이디어를 붙임딱지에 적어보고 의논하게 함으로써 몇몇
에 의해 독단적으로 의사결정이 진행되는 것을 방지할 수 있다.

••• 〈보온병 만들기〉 조별 미션 실험 활동지 •••

- 프로젝트명 :
- 조원 :

1. 조별로 주어진 금액 :

2. 구입 목록

번호	물품명	개수	총금액
1			
2			
3			
4			
5			
전체 물품 구매 금액 총합계			

3. 위와 같이 물품을 선택하고 구매한 이유를 간략하게 적어주세요.
   1)
   2)

4. 물품 완성 후 결과 실험

10분 후 온도	30분 후 온도	1시간 후 온도

5. 실험을 통해 새롭게 알게 된 것, 느낀 것을 자유롭게 적어봅시다.

05

만다라트 활동

　'학생들이 교과 학습을 체계적으로 정리할 수 있는 방법은 없을까?' '내용을 체계적으로 구조화해서 정리할 수 없을까?' 이는 수업과 관련해서 많은 교사들이 고민하는 부분이다. 이러한 고민을 조금이라도 해결할 수 있는 〈만다라트 활동〉을 소개한다.

　'만다라트'는 목표를 달성하는 기술이라는 뜻이다. 연꽃 기법이라고도 알려진 만다라트는 일본의 한 디자이너가 생각해낸 것으로 목적을 달성하기 위해 만들어진 표이다. 일본 프로야구에서 시속 160km의 강속구를 던져 괴물 투수라 불리며 활약하는 오타니 쇼헤이가 고교 1학년 때 작성한 만다라트 내용이 알려져 화제가 되기도 했다.

만다라트는 교실에서 크게 두 가지 용도로 활용할 수 있다.

첫째, 교과서 내용 정리와 구조화 단계에 쓰인다.

예를 들어 사회, 과학 수업에서 대단원을 마친 후 내용을 정리할 때 만다라트를 적용해 보자. 사회 수업에서 고려시대를 배웠다고 가정하고, 중앙 주제 칸에 '고려'라고 쓴다. 그리고 주제 칸 주변의 1~8번 칸에는 고려시대를 설명하는 주요 키워드 8개를 쓴다. 예를 들어, 후삼국, 무역, 전쟁, 훈요십조, 문화, 문화재, 청자, 불교 등의 주요 키워드를 작성하고 1번 칸에 '후삼국'이라고 썼다면 왼쪽 위의 중앙에 1번이라고 쓰인 곳에 '후삼국'이라고 쓴다. 그리고 호족, 후백제, 후고구려, 신라 등 후삼국과 관련한 내용을 키워드 중심으로 정리한다. 이와 같은 방법으로 1~8칸에 쓰여진 주요 키워드의 하위 내용을 정리해서 쓰면 만다라트가 완성된다.

학생들은 교과서의 내용을 찾아가며 각각의 키워드를 정리한다. 또한 관련 내용이 나와 있는 교과서 페이지를 적는 것도 하나의 방법이다. 작성한 만다라트는 옆의 친구에게 보여주며 작성한 내용을 설명하고 가르쳐주도록 한다. 친구는 내용을 들으며 자신이 아는 것과 차이는 없는지, 틀린 부분은 없는지 확인한다.

교사는 앎의 기준이 내가 처음부터 마지막까지 정확하고 막힘없이 설명할 줄 아는 것임을 강조한다. 아는 것과 모르는 것을 가장 정확히 판단하는 사람은 바로 자신인 것이다.

만다라트를 완벽하게 작성해서 대단원의 내용 정리를 마쳤다면,

자기평가를 할 수 있다. 빈 칸으로 된 만다라트 활동지에 단서가 될 만한 몇 개의 단어를 기입하고 나머지는 빈 칸으로 둔다. 그리고 스스로 빈 칸을 채워나가는 자기평가를 실시하고 작성을 마치면 기존에 작성했던 만다라트와 비교하여 틀린 부분을 학습하도록 한다.

둘째, 만다라트는 목표를 수립하거나 계획할 때도 적용할 수 있다.

일반적으로 방학 계획을 세운다고 하면 학생들은 가장 먼저 원을 그리고 시간중심계획(Time Based Plan)을 세운다. 그러나 인간은 로봇이 아니기 때문에 계획을 완벽하게 실행하는 사람은 드물다. 물론 대략적인 시간 계획은 필요하겠지만, 시간을 중심으로 세운 방학 계획표가 방학 생활의 전부라고 할 수는 없다. 따라서 시간중심

계획이 아닌 과업중심계획(Task Based Plan)이 더 효과적이라 할 수 있다. 내가 무엇을 하고 싶고, 무엇을 해야 하는지에 대한 과업을 목록화해서 이를 달성하기 위해 시간을 사용하는 것이다. 이처럼 과업중심계획을 세울 때 만다라트를 유용하게 활용할 수 있다.

중앙에 위치한 주제에 방학을 쓰고, 방학 때 하고 싶은 일과 해야 할 일을 작성한다. 동일한 방식으로 각각의 과업에 대한 구체적인 계획과 목표 수행을 위한 전략을 작성하면 된다.

또한 방학 계획에서 나아가 자기 삶의 로드맵도 그려볼 수 있다. 자신의 꿈을 적고, 배워야 할 것과 닮고 싶은 인물, 가져야 할 경쟁력 있는 습관 등을 만다라트에 작성하고 체계적으로 목표를 향해 달려나가는 것이다. 삶의 버킷리스트도 만다라트를 통해 질서 있게 정리할 수 있다.

만다라트 활동은 학습지가 아닌 붙임딱지를 이용해서도 진행이 가능하다. 여러 장의 붙임딱지(파랑, 분홍, 노랑)와 학생 수만큼의 사인펜을 준비하고 모둠별로 둘러앉는다. 먼저 파랑색의 붙임딱지에 방학이라고 쓴다. 그리고 방학에 꼭 해보고 싶은 것을 5~8가지 정해서 분홍색 붙임딱지에 쓰고, 파랑색 붙임딱지 주변에 붙인다. 분홍색 붙임딱지에 쓴 내용은 학생들이 방학에 꼭 이루고자 하는 핵심 내용들이다. 이를 실천하기 위해 학생들이 해야 할 내용들을 노랑색 붙임딱지에 쓰는데 붙임딱지는 개수에 상관없이 최대한 구체적으로 쓰도록 한다.

이때 중요한 규칙으로는 다른 사람의 의견을 참고하여 내용을 작성할 수 있으나 다른 사람의 의견에 대해 즉각적인 판단은 하지 않아야 한다는 것이다. 분홍색 붙임딱지 주변에 붙은 노랑색 붙임딱지의 내용들을 다시 한 번 살피면서 어떠한 방법이 적절한지 선택한 후 최종 목표와 구체적인 실천 사항을 정리하고 마무리하는 것이 좋다.

정리하면, 대목표(파랑), 중목표(분홍), 소목표(노랑)를 붙임딱지 색깔에 맞춰 적는다. 학생들은 노랑색 붙임딱지에 구체적인 실천 사항들을 쓰면서 최선의 방법을 선택하도록 한다.

06

특파원 활동

　이 활동은 케이건Kagan 교수가 개발한 '둘 남고 둘 가기'의 토의토론 방식을 토대로 진행하는 수업 활동이다(4명으로 구성된 모둠에서 2명은 모둠의 자리에 앉아 다른 모둠에서 오는 친구들과 이야기를 나눈다. 그리고 모둠의 2명은 다른 모둠으로 이동해서 친구들과 이야기 나누는 활동이 '둘 남고 둘 가기' 수업 활동이다). 둘 남고 둘 가기 활동을 통해 반 전체 학생들은 서로의 생각을 자연스럽게 공유할 수 있다. 기존의 반 전체 학생들을 대상으로 발표하는 방식을 서로 돌아가며 묻고 답하는 형식으로 전환함으로써 보다 역동적인 수업 활동으로 진행할 수 있다.

　이 활동은 주로 도덕과 국어 시간에 적용하면 좋다. '나라면 어떻게 했을까?' '어떻게 행동하는 것이 올바른 것인가?' 등 도덕적 가

치에 대해 생각해 볼 수 있으며 다른 사람의 입장에서 생각해 보고 이해하는 활동을 통해 바른 인성을 기를 수 있다. 단순히 도덕적 가치를 머리로 이해하고 지식으로 습득하는 것에서 나아가 자신의 삶과 결부시켜 이야기하고 설명함으로써 가치를 체득(體得)하는 학습이 될 수 있다. 다시 말해, 선생님이 가르치는 도덕, 인성이 아니라 스스로 생각하고 깨닫는 도덕, 인성 수업을 만들 수 있다. 학생들은 친구들과의 대화를 통해 자신의 생각과 관점을 넓고 깊게 확장할 수 있다.

활동에 앞서 교사는 〈특파원 활동〉에 대해 충분히 설명하는 것이 좋다. 설명한 이후에 학생들이 활동 참여 순서를 제대로 이해했는지 관련 질문을 통해 이해 확인(Concept Checking)을 하고 시뮬레이션을 돌려본 후 진행하면 더욱 매끄럽게 수업을 진행할 수 있다.

수업의 활동 순서를 살펴보자.

먼저 선생님이 교과서에 제시된 지문, 또는 책에 제시된 도덕적 문제 상황을 안내하고 이와 관련해 오늘의 생각해 볼 문제를 학생들에게 제시한다. 만약 고학년 학생들이라면 도덕, 국어 교과서에 제시된 글을 읽고 선생님이 일방적으로 주제를 제시하는 것이 아니라 학생들이 주제를 제안하는 것도 가능하다. 여러 개의 주제를 제시하면 학생들은 다수결로 하나의 주제를 선정하여 활동을 전개할 수 있다. 예를 들면 다음과 같은 주제를 제시할 수 있다.

- 왜 우리는 정직해야 하는가?
- 정직한 사람들이 성공한 사례
- 왕따 없는 교실을 만들기 위한 우리의 노력
- 바르고 고운 말을 쓰는 학생이 되기 위한 실천 사항
- 모두가 행복한 학교가 되기 위해 필요한 것들
- 화를 조절하기 위한 방법들
- 내가 나보다 힘든 사람에게 나눌 수 있는 것은 무엇이 있을까?

학생들은 주어진 주제에 대한 자신의 생각을 제한 시간 내에 붙임딱지(2~4장 정도)에 쓰고 자기 모둠에서 나온 이야기를 한 명씩 돌아가며 모둠 활동판에 붙임딱지를 붙이며 이야기한다. 이때 비슷한 이야기는 유목화시키고, 자기 모둠의 의견을 종합하여 정리한다.

이렇게 정리된 모둠의 의견을 다른 모둠의 친구들에게 설명하고 이를 함께 이야기 나누는 활동이 핵심이 된다. 모둠별로 특파원 2명, 기자 2명을 선발하는데, 특파원은 다른 모둠을 돌며 이야기를 나누는 사람이며 기자는 자기 자리에 앉아서 자기 모둠으로 찾아오는 특파원들과 이야기를 나누는 사람이다. 이 활동을 통해 학생들은 여러 친구들의 생각을 듣고, 해결책을 강구해 간다.

최종적으로 자신의 모둠으로 돌아와 모둠 활동판을 4개의 공간으로 나누어 붙임딱지에 다음과 같이 적도록 한다.

1. 우리 모둠에서 나온 의견
2. 다른 모둠에서 나온 의견
3. 취재를 하면서 떠오른 의견
4. 배우고, 느끼고, 실천하고 싶은 것

모둠의 내용을 정리한 뒤에는 모둠 대표가 나와서 발표하는 시간을 갖고 활동을 마무리한다.

활동 중 주의할 점은 한 모둠에 머물러 서로 이야기하고 설명하는 시간에 차이가 있다는 점이다. 따라서 모둠 간 학생들의 이동은 교사의 안내에 따라 움직이도록 하는 게 좋다. 시간은 한 모둠에 5분 정도로 제한하는 것이 좋다.

역동적인
팀 프로젝트

 훈습(熏習)이라는 말이 있다. 불교에서 나온 말로, 훈은 연기 '훈' 자이고 습은 익힐 '습' 자이다. 옷은 본래 향기가 나지 않지만 옷과 향료를 같이 두게 되면 향료의 향이 옷에 배어 자연스럽게 향이 묻어난다는 뜻이다.

 모둠 학습과 프로젝트 학습을 하는 여러 이유 중 하나가 바로 훈습의 효과를 기대하는 것이다. 학습 무기력에 빠진 아이들, 학습 의욕도 동기 부여도 되지 않는 아이들을 학습에 적극적으로 임하는 아이들 곁에 두면서 천천히 그 향에 젖게 만드는 것이다.

 말로 하는 교육은 그 파급 효과가 작지만, 행동으로 하는 교육은 파급 효과가 크고 오래간다. 가랑비에 옷이 젖듯, 천천히 그러나 꾸준히 학습에 참여하게 하는 것이 중요하다.

01

교과서 영화 프로젝트

　교과서에 나오는 내용을 읽는 방식은 크게 두 가지로 나눌 수 있다.

　첫째, 수용적인 읽기이다. 이는 교과서의 내용을 있는 그대로 받아들이고 이해하며 머릿속에 담으려는 데 목적이 있기 때문에 읽는 이가 특별한 의미 부여를 하거나 자신의 입장과 비교하며 읽지 않는다.

　둘째, 비판적인 읽기이다. 단순히 주어진 내용을 이해하고 익히는 데 그치는 것이 아니라, '다른 방법은 없을까?' '과연 그것이 최선일까?' '주장에 대한 근거가 충분하지 않은 듯해' '내 생각은 조금 달라'와 같이 의문을 품는 것에서부터 시작된다. 내용에 대해 나름의 생각을 가지고 재해석하고 분석하는 태도로 읽어나가는 것

이다.

〈교과서 영화 프로젝트〉는 비판적 읽기에서 시작된 활동이다. 교과서에 수록된 동화 등을 읽고 작품의 줄거리와 주제를 파악한 뒤 작품 내용을 영화화시켜도 되고 또는 나름의 해석을 가미하여 새롭게 각색하여 영화로 제작할 수도 있다.

중요한 것은 이 프로젝트 학습의 출발은 반드시 교과서에서 시작되어야 한다는 것이다. 이러한 전제 조건을 제시하면 학생들은 자연스럽게 교과서를 천천히 읽어보며, 영화적인 영감을 얻으려고 노력한다. 이 과정에서 학습에 대한 복습과 예습을 자연스럽게 할 수 있을 뿐만 아니라 비판적 읽기의 능력도 함양할 수 있다.

〈교과서 영화 프로젝트〉의 진행 순서는 다음과 같다.

1. 영화 개봉일을 공고하고 감독을 선정한다. 감독은 각 조의 조장 역할을 하며 감독을 중심으로 영화를 제작한다.
2. 감독을 중심으로 작가, 배우를 모집해서 조 편성을 완료한다.
3. 조별로 어떤 작품을 할지 교과서를 살펴보며 작품을 선정한다. 이때 큰 줄기의 스토리 흐름을 브레인스토밍하도록 한다. 이 과정에서 교사는 학생들이 효과적인 의사결정을 할 수 있도록 돕는 역할을 한다. 프로젝트 학습이라고 해서 학생들에게 전권을 주는 것은 위험하다. 아직은 의사결정 능력이 미숙하기 때문에 민주적으로 여러 사람의 의견을 조율하고 토의하는 구체적인 방법을 안내해 주어야 한다. 예를 들어, 교과서의 내용 가운데 제작할 소재를 고를 때는 붙임딱지를 써서 가장 많은 지지를 얻은 작품을 선정하는 회의 방법을 안내한다. 또는 피라미드 토의법을 통해 최종 의사결정을 하는 것도 좋다.
4. 작품이 선정되면, 스토리보드와 시나리오를 작성한다. 각 조는 짧게는 5분에서 길게는 15분짜리 교과서 영화를 만든다. 교사는 학생들이 스토리의 흐름을 잡을 때 스토리보드를 작성하고 각자 떠오르는 상상을 붙임딱지에 적고 이야기의 대략적인 흐름을 잡도록 회의 전략을 안내한다. 예를 들면 6개 칸을 만들고 각 칸에 들어갈 상황을 간단한 그림이나 문구를 써서 모둠

친구들이 붙이면 토의를 통해 선정하는 것이다. 이를 통해 영화 전체의 큰 줄기가 되는 장면을 정하고 내용을 정교화할 수 있도록 한다. 이야기의 뼈대가 잡히고 나면 모둠원들이 각각의 장면을 나누어 시나리오를 작성할 수 있다.

5. 시나리오 1차 작업이 끝나면 검토 작업을 하고 실제 촬영에 들어간다. 이때 촬영과 시나리오 수정 작업은 동시에 이루어지며, 모둠 친구들은 배우이자 동시에 스태프가 되어 장소 선정과 의상, 음악, 대본 등에 대한 아이디어를 낸다.

6. 촬영을 마치면 편집을 하고 상영 준비를 한다. 모둠원들은 영화 포스터를 제작하고 홍보를 펼치기도 한다.

7. 영화 상영일에는 영화 출연진과 관객 사이의 영화 토론이 이루어진다.

교과서 영화 프로젝트의 준비 단계에서 가장 중요한 부분은 바로 회의 시간이다. 학생들이 어떻게 다수의 의견을 모으고 최종적으로 의사를 결정할지에 대해서는 교사의 지도가 필요하다. 내용 선정에서부터 스토리보드로 주요 장면을 선정할 때 말보다는 글로 회의하도록 권장하는 것이 좋다.

덧붙여, 학생들이 회의를 하거나 시나리오 작업을 할 때 난관에 부딪히는 경우가 있다. 이때 교사는 조별로 컨설팅을 진행하며 학생들에게 적절한 해결 방법을 제시해 주도록 한다.

프로젝트 학습을 진행할 때 교사는 늘 자리를 지키며 학생들이 도움을 요청할 때 언제든 들어주어야 한다. 당장은 할 일이 없어 보이지만 도움이 필요한 시기에 적절히 지원해 주는 것만으로도 교사의 권위를 세우기에 충분하다.

02

교과서 영화제와 토론

　학생들이 제작한 영화를 상영하는 날이다. 이날은 단순히 영화를 친구들에게 보여주는 날이 아니라 '교과서 영화토론'이 진행되는 날이다. 자신들이 선택한 교과서의 제재 글을 낭독하고, 선정 이유와 제작 과정에서의 에피소드, 주제, 관전 포인트, 그리고 토론 주제를 제시하며 활발한 토론을 진행한다. 영화 제작에 참여한 학생들은 모두 교실 앞쪽에 제시된 패널석에 앉고 학생들은 방청석에 앉아 함께 수업에 참여한다.

　진행 순서는 다음과 같다.

1. 영화의 모티브가 된 내용을 교과서에서 찾아 감독이 낭독한다. 이어서 영화의 시대적 배경, 공간적 배경, 주제와 내용에 대해

간략히 설명한다. '왜 이 영화를 만들게 되었는지?' '이 영화를
통해 무엇을 말하고 싶었는지?'를 안내한다.

2. 영화 제작에 참여한 배우들이 한 명씩 자신의 역할을 소개
한다(제가 맡은 배역은 ○○인데, ~한 인물이다). 덧붙여, 영화 제작
에 참여하면서 느꼈던 소감을 말한다.

3. 영화 상영 전 마지막으로 관전 포인트와 영화를 만들면서 생
긴 에피소드에 대해 이야기한다.

4. 방청석의 친구들은 영화 관람 전에 활동지를 배부 받는다. 활
동지에는 영화 평점(작품의 주제는 잘 나타났는가? 작품이 완성도 있
게 만들어졌는가? 교과서의 내용을 바탕으로 효과적으로 재해석하였는

가? 배우의 연기는 적절했는가? 다른 사람들에게 추천할 영화인가?),
칭찬할 점, 아쉬웠던 점, 궁금한 내용, 종합적 의견을 쓰도록
한다.

5. 영화 상영이 끝나고 감독은 방청석에 토론 주제를 제시한다(함
께 생각해 볼 문제는 ~이다). 감독의 발제 후 교사는 자유토론 방
식으로 제작진과 방청석의 친구들이 활발하게 자신의 의견을
이야기하도록 안내한다. 이때 토의나 토론이 지엽적인 부분에
서 머물지 않도록 적절한 교사의 개입이 필요하다. 영화 또는
교과서의 주제와 동떨어진 경우, 그리고 학습적으로 유익하지
않은 주제에 대해서도 교사는 적극적으로 개입하여 토의토론
의 방향을 재설정하며 마지막에 종합적으로 토론 내용을 정리
한다.

6. 방청석의 친구들은 자신이 작성한 활동지의 내용을 발표한다.
영화를 보면서 궁금했던 점에 대해 질의응답하며 칭찬할 점과
아쉬웠던 점, 마지막으로 종합의견을 말하도록 한다.

7. 제작진은 한 명씩 돌아가며 배우고 느끼고 앞으로 실천하고
싶은 점을 중심으로 소감을 발표하고 영화제를 마치도록 한다.

8. 방청석의 학생들이 작성한 활동지에 적힌 평점의 평균이 가장
높은 모둠의 영화를 영화제의 최우수작으로 선정한다.

교과서 영화 프로젝트를 준비하고 발표하는 과정에서 짧은 인생

드라마가 펼쳐진다. 아이들은 친구들과의 의견이 잘 맞을 때면 한없이 신나서 방방 뛰며 좋아하고, 특별한 보상을 하지 않아도 자발적으로 영화 제작에 최선을 다한다. 그런데 친구들 사이에서 의견이 충돌하고 문제가 발생되면 이보다  더 살벌할 수 없는 상황이 벌어지기도 한다. 이 프로젝트를 통해 아이들은 다음의 10가지 키워드를 경험한다. 바로 몰입, 갈등, 보람, 열정, 관계, 친밀, 화해, 양보, 창의, 상상이다.

학생들이 만들어내는 영화의 질을 떠나 교사는 그들이 마음을 끝까지 한데 모아 하나의 결실을 맺은 것에 대해 격려를 해주어야 한다. 자신의 모습을 내려놓고 주어진 배역에 충실히 연기하는 아이들에게 뜨거운 박수를 보내주어야 한다. 이렇게 격려받고 응원을 받아 자존감이 높아진 아이들은 다음 프로젝트 학습에도 적극적으로 참여한다. 쓰지만 달콤한 열매의 맛을 알기 때문이다.

••• 교과서 영화 프로젝트 평론 활동지 •••

작품명 : (   )
평론가 : (   )

평점주기		
1	작품의 주제는 잘 나타났는가?	
2	작품이 완성도 있게 만들어졌는가?	
3	교과서의 내용을 바탕으로 효과적으로 재해석하였는가?	
4	배우의 연기는 적절했는가?	
5	다른 사람들에게 추천할 영화인가?	
총점		/ 5

궁금한 점

칭찬할 점

아쉬운 점

종합 의견

런닝맨이 공부한다

학생들이 쉬는 시간에 다가와 제일 많이 하는 질문은 "선생님 다음 시간에 뭐해요?" 또는 "선생님 체육 시간에 뭐해요?"이다. 특히 체육 수업이 있는 날이면 다른 교과에도 이렇게 관심을 가져줬으면 하는 마음이 들 정도로 아이들은 등교하자마자 이 질문을 한다. 혹시라도 지난주에 공휴일로 체육 수업이 빠졌다면 아이들은 이렇게 말한다. "선생님 저희 지난주에 체육 못 했어요." 이 말의 의도는 이번 주에 지난주 체육 수업을 보충하자는 의미다. 공휴일로 체육 수업만 빠진 것이 아니지만 유독 체육은 아이들에게 절대 빠뜨려서는 안 되는 과목이다. 아이들이 그렇게 뛰어놀고 어울리며 배우는 것을 좋아한다는 뜻이니 교실이 아닌 운동장에서 교과 지식을 배울 수 있는 수업 방식이 없을까 고민하게 된다.

역동적인 욕구가 강한 학생들이 제일 좋아하는 과목은 단연 체육이다. 체육과 다른 과목을 연계하여 지도할 수 없을까 생각한 끝에 고안한 활동이 바로 〈런닝맨이 공부한다〉이다.

〈런닝맨이 공부한다〉의 주된 미션은 모둠에 주어진 학습지의 정답을 모둠원들이 함께 공부하여 찾는 것이다. 교과서를 찾아보아도 좋다. 그리고 그 정답이 적힌 등딱지를 다른 모둠의 친구의 등에서 떼어온 후, 최종 정답지에 붙이는 것이다. 이때 아무거나 마구 떼어오는 것을 방지하기 위해 학습지의 정답 수보다 많이 떼어낸 경우는 감점 처리를 한다. 그러면 학생들은 정답에 해당하는 등딱지만을 떼고자 노력한다. 활동지의 정답에 해당하는 등딱지를 모두 떼어 가장 빨리 최종 정답지를 완성한 모둠이 "완성!"이라고 외치면 활동은 종료된다. 교사는 모든 학생들을 모으고 활동지의 문제를 풀이하며 어느 모둠이 많은 문제를 맞추었는지 확인한다. 그 결과 높은 점수를 얻은 모둠이 최종 우승팀이 된다.

이 활동은 3개 또는 4개 모둠으로 나누어 운동장이나 체육관에서 진행한다. 특히 사회나 과학 교과의 대단원을 마친 후에 진행하면 좋다.

교사는 대단원의 내용을 정리하면서 빈 칸을 주요 개념으로 채우는 학습지를 준비한다. 더불어 런닝맨 활동의 핵심인 '등딱지'와 학습지의 정답 등딱지를 붙일 최종 답안지 활동지도 준비한다.

예를 들어 A조 8명, B조 8명, C조 8명으로 조편성을 한다고 치자.

교사는 A조 학생들에게 사회 1번 학습지와 B조 학습지 정답 등딱지 일부와 C조 학습지 정답 등딱지 일부를 배부한다. B조 학생들에게는 사회 2번 학습지와 A조 학습지 정답 등딱지 일부와 C조 학습지 정답 등딱지 일부를 배부한다. C조 학생들에게는 사회 3번 학습지와 A조 학습지 정답 등딱지 일부와 B조 학습지 정답 등딱지 일부를 배부한다. 학생들은 선생님께 받은 등딱지를 1인당 3~4개씩 나누어 등에 붙이고 본격적인 활동에 들어간다.

이 활동에는 중요한 규칙이 세 가지 있다.

첫째, 다른 모둠의 기지 안에는 절대 들어갈 수 없다. 오직 자기 모둠의 기지에만 들어갈 수 있다.

둘째, 그라운드(활동하는 장소)에는 반드시 각 모둠의 3명만 나와서 활동할 수 있다. 활동을 하다가 지치거나 전략을 바꿀 필요가 있다면 다른 친구와 바통 터치하면 된다. 그리고 한 친구가 혼자서 3분 이상 활동할 수 없다.

셋째, 절대 무력으로 밀치거나 눕혀서 공격할 수 없다. 만약 심한 몸싸움이 일어날 경우 둘 다 퇴장될 수 있음을 미리 안내한다.

이 활동은 술래잡기와 런닝맨이 결합된 수업 활동이다. 런닝맨에 참여하기 위해서는 먼저 협력하여 교과서를 찾아보고 학습지를 풀어내는 것이 중요하다. 학생들은 텍스트 학습을 할 때 작동되는 좌뇌와 움직임을 관장하는 우뇌를 동시에 사용하게 되어 보다 효과적인 학습을 할 수 있다.

수업 활동 준비물로 찍찍이를 사용해도 되지만, 쉽게 구할 수 있는 라벨지를 등딱지로 활용해도 좋다. 교사는 활동을 시작하기 전 학생들에게 충분한 준비 운동을 시키고, 위험한 시설물에 대한 점검, 그리고 지나친 신체 접촉 통제와 안전 교육도 잊지 않아야 한다.

디자인 씽킹

매일, 매시간 완벽히 준비되고 잘 조직된 수업을 하기란 쉽지 않다. 하지만 최소 하루에 1시간만이라도 기존의 방식에서 벗어나 새로운 방식으로 수업을 시도해 보기를 권한다. 작은 변화만 주어도 아이들은 "선생님 수업이 재미있어요." "선생님 다음에 또 해요." 하며 좋아한다. 그렇게 하루 1시간, 다음 해에는 하루 2시간, 천천히 그러나 꾸준히 수업에 변화를 주면 어떨까?

〈디자인 씽킹〉은 어떠한 문제를 발견하고 어떻게 하면 이를 효과적으로 어떻게 해결할 수 있을지 근본적인 해결 방법을 찾는 데 의미가 있다. 이는 지속가능하며 가치 있고 의미 있는 문제해결 과정으로, 인간 중심의 사고를 통해 창의적이고 혁신적인 방법으로 문제를 해결한다. 허버트 사이먼Herbert A. Simon 교수는 디자인 씽킹에서 디자인을 "현재의 상태에서 보다 나은 방향으로 변형해 가는 것"이라고 이야기한다. 아래에 소개하는 내용은 2016년 SAP Korea에서 진행한 디자인 씽킹 직무 연수를 듣고, 관련 내용을 참고하여 학교 수업에 적용한 내용을 정리한 것이다.

〈디자인 씽킹〉은 5단계로 진행된다.

첫째 공감하기, 둘째 정의하기, 셋째 아이디어 내기, 넷째 프로토타입 만들기, 그리고 마지막으로 시험하기이다.

먼저 공감하기 단계에서는 해결할 문제를 인지하고 문제 상황에 처한 사람의 입장에서 충분히 문제를 인식하는 것이 중요하다. 따라서 해당 상황에 있는 사람을 깊이 관찰하거나 인터뷰를 해서 감정 이입을 통한 공감이 필요하다. 당사자의 경험을 많이 듣고 질문하거나 또는 간접 경험을 해봄으로써 그 일이 마치 '나의 일인 것처럼' 느끼는 것이다.

예를 들면 다음과 같은 활동들이다.

- 우리 교실로 전학 온 외국인 친구가 학교 생활과 수업에 잘 적응할 수 있는 방법을 생각해 보자.
- 시각 장애인이 일상 생활을 하고 학습을 할 때 느끼는 불편함을 줄일 수 있는 방법을 생각해 보자.
- 여성이나 어린이들이 캔 용기를 오픈하기 힘들어 한다. 이를

개선할 수 있는 방법을 생각해 보자.

- 길거리를 걸어다니며 스마트폰에 열중한 나머지 교통사고를 당하는 사람의 수가 늘어나고 있는 추세다. 이어폰을 꽂고 있어 차량의 경적 소리를 제대로 듣지 못하는 사람, 스마트폰에 집중하다 마주 오는 사람과 부딪히거나 위험지역(찻길)에 진입하는 사람 등이 생긴다. 이를 효과적으로 해결하기 위한 방안을 생각해 보자.

- 방학 때 계획을 효과적으로 잘 실천할 수 있는 방법을 생각해 보자.

- 진로에 대해 부모님과의 갈등을 원만히 잘 해결할 수 있는 방법을 생각해 보자.

먼저 위의 예시들 가운데 하나의 상황을 설정한다. 만약 보행시 스마트폰 사용 문제에 대한 상황이라고 하자. 그러면 모둠별로 이 상황을 재연해 본다. 이어폰을 꽂고 스마트폰으로 유튜브 영상을 보며 골목길을 걸어가는데 반대편에서 자동차가 온다고 하자. 사거리 양쪽에서 차가 오는 위험한 상황이지만 이를 인지하지 못할 때를 경험해 보는 것이다. 이러한 가상체험을 할 때, 운전자와 보행자의 실제 느낌을 경험해 보면 단순히 머리로 생각할 때와는 전혀 다른 생각과 느낌을 가지게 된다. 해당 역할을 한 친구를 인터뷰하며 불편한 점, 힘든 점, 개선이 시급한 것들에 대해 이야기를 들어본다.

다음은 정의하기 단계이다. 정의하기 단계에서는 무엇이 해결해야 할 문제인지를 정의한다. 그런데 정의하기 단계에서 이야기를 나누다 보면 자칫 해결 방법 찾기에 대한 부분으로 대화 주제가 넘어가는 경향이 있다. 그러므로 정의하기 단계에서는 앞서 공감하기 단계에서 느꼈던 점들을 붙임딱지에 정리하며, 누가(학생, 교사, 학교 시설) 가장 많이 도움을 주어야 하며, 어떠한 도움을 필요로 하는지를 정리한다. 마지막으로 왜 그러한 도움과 해결 방법이 필요한지도 생각해 본다. 다시 말해 Who(누가, 현재 상황과 상태의 분석) – What(무엇을 필요로 하고, 무엇이 해결되어야 하는가) – Why(왜 필요하고 해결되어야 하는가)를 정리해 보도록 한다. 이를 '친화도법(Affinity Diagram)'이라고 한다.

붙임딱지를 붙인 후에는 토의를 통해 가장 공감되고 중요한 문제를 찾아내는 과정을 갖도록 한다. 그러면 최종적으로 무엇이 가장 큰 문제이며 해결해야 할 문제인지 방법이 나오기 마련이다.

아이디어 내기 단계에서는 브레인스토밍과 명목집단법을 활용하여 다양한 아이디어들이 쏟아질 수 있도록 편안하고 즐거운 분위기 속에서 모둠 활동을 진행한다. 각 아이디어에 대해서는 경제성과 만족도의 측면을 고려해 보며 경제성을 가로축, 만족도를 세로축에 두고 각각의 아이디어를 분석해 보자. 이를 통해 적은 비용에 만족도가 높은 1사분면의 아이디어를

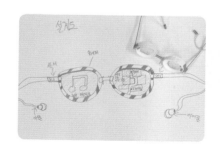

채택할 수 있다.

　아이디어가 채택된 후에는 스마트폰을 사용하는 보행자의 안전을 위한 장치, 그리고 운전자를 위한 장치 등의 프로토타입을 만들어본다. 프로토타입의 재료는 일상에서 쉽게 구할 수 있는 물건들을 사용하는데 흔히 가정에서 버려지는 재활용품들이 좋다. 빈 상자, 요구르트 병, 우유팩, 랩, 포일, 빨대, 병뚜껑, 테이프, 끈, 그리고 블록, 쌓기나무 등 다양한 재료를 창의적으로 사용할 수 있다.

　프로토타입을 만든 후 모둠별로 돌아가며 발표를 하고, 다른 모둠 친구들이 해당 모둠의 제품에 대해 질문을 하면서 좋은 점과 개선할 점에 대해서 이야기해 주거나 붙임딱지로 피드백을 해줄 수도 있다.

　방학 동안 계획만 세우고 실천에 옮기지 못하는 문제, 시험공부를 어떻게 하면 효과적으로 할 것인가, 왜 늘 세우는 목표에 실패만 하는가, 효과적으로 시간을 관리하기 위한 방법은 무엇이 있을까 등 굳이 학교 문제가 아니더라도 학생 개개인의 문제들을 함께 고민해 볼 수도 있다.

지피지기 백전백승

누구든 자기 자신을 이해하고 알아가는 것은 즐거운 일이다. 특히 사춘기에 접어든 아이들에게는 더욱 그렇다. 때때로 교실에서 아이들의 교우 관계를 살펴보면 자신과 다른 친구의 행동 유형을 이해하지 못하는 데서 오는 갈등이 존재한다. 그런 면에서 MBTI 성격유형검사는 아이들의 성격을 어느 정도 해석하는 데 도움을 주는 검사 도구이다.

이 활동을 통해 아이들은 자신의 모습을 객관적으로 돌아볼 수 있다. 나와 성향이 다른 친구라면 친구의 성격과 성향을 파악하고 서로 틀린 것이 아니라 다르다는 것을 이해할 수 있으며, 나와 비슷한 유형의 친구들이라면 서로 모여 공감대를 형성하고 대화를 하며 자신과 친구를 보다 깊이 이해할 수 있는 기회를 가질 수 있다.

이 활동에서 주의해야 할 점은 서로 다른 성격유형에 대해 좋고 나쁨으로 구분 짓는 아이들이 있으므로, 교사는 세상에는 생김새만큼 다양한 성격유형을 가진 사람들이 존재한다는 것을 사전에 안내해야 한다. 성격유형이 좋고 나쁨으로 판단할 성질의 것이 아님을 분명하게 인지시켜야 하는 것이다.

활동 진행 순서는 다음과 같다.

먼저 교사는 아이들을 컴퓨터실에 모이도록 해서 간이 MBTI 검사를 실시한다. 요즘은 'MBTI 검사'라고 인터넷 검색을 하면 5~10분 내외로 검사할 수 있는 도구들이 많다.

모든 아이들의 성격유형검사가 끝나면 각 유형별로 아이들을 모은다. 성격유형검사의 결과를 보면 어떤 성격유형은 한 명도 없는 경우가 있고, 어떤 성격유형은 다수의 인원이 몰리는 경우도 있다. 한 성격유형에 다수의 아이들이 모일 경우 3~4명을 한 모둠으로 꾸리는데 모둠원이 혼자인 경우도 있을 수 있다.

모둠 구성이 끝나면 모둠별로 각 성격유형에 대한 프로젝트 학습을 실시한다. 교사는 프로젝트 제작에 제한 시간을 두고, 시간이 지체되지 않도록 사전에 안내한다. 아이들은 모둠별로 우리 모둠의 별명, 모둠 친구들의 성격, 특징, 대표적인 인물, 직업군, 우리를 대표하는 단어 3가지와 그 이유, 우리들이 가장 좋아하는 것, 우리들이 가장 싫어하는 것, 관련 동영상 등에 대한 주제로 토의를 한다. 이 주제에 맞춰 아이들은 각자 역할을 나누어 자료를 조사하고 파워포인트로 발표할 자료를 정리한다. 아이들이 파워포인트를 다루는 데 익숙하지 않다면 스케치북과 매직을 제공해도 된다.

자료 제작이 끝나면 한 모둠씩 나와서 자료 내용을 나누어 조사한 것을 발표하도록 하고, 발표가 끝나면 발표 자료를 교실 한쪽에 게시한다. 마지막으로 아이들이 MBTI 프로젝트 학습을 통해 배우고 느끼고 실천할 것을 생각하고 발표하면서 수업을 마친다. 가정학습과 연계해 간이 검사 도구를 알림장에 올려서 학생 각자의 가족들이 함께 해보고 서로 대화를 나누어보는 시간을 갖게 하는 것도 좋다.

교과
수업 틀을 깨다

수업은
토크 콘서트다!

어떻게 하면 학교 현장에서 교사와 학생 모두가 행복한 모습으로 학생에게 실천하고 생각하는 힘을 길러줄 수 있을까?

이에 대한 해답의 핵심 키워드는 "함께" 그리고 "천천히"이다. 즉 학생들이 함께 어울려 천천히 시간적 여유를 두고 배우며 스스로 깨닫는 수업이 핵심이다. 이를 위해서는 교사의 발화시간(Teacher Talking Time)보다 학생의 발화시간(Students Talking Time)을 늘리는 수업을 진행해야 한다. 물론 주입식 수업이 필요할 때도 있다. 학생들이 이해하기 힘든 수준의 어려운 과학적 개념에 대한 설명, 호기심을 자극하기 위한 역사 비화, 수업의 비계(Scaffolding) 설정을 위한 새로운 학습 내용 제시 등은 교사 중심의 수업이 필요하다. 그러나 학생들이 스스로 찾을 수 있고, 협업을 통해 발견하고 깨달을 수 있는 수준의 학습 내용이라면 수업의 주도권을 학생에게 넘겨주는 것이 맞다.

01

토크 콘서트로 수업하다

　인도 출신의 교육학자인 수가타 미트라Sugata Mitra 교수는 'Hole in the wall'이라는 교육 실험 프로젝트를 소개한 바 있다. 그는 1999년 인도 델리의 빈민가에서 건물 벽에 구멍을 내고 인터넷이 연결된 컴퓨터를 설치했다. 거기에는 컴퓨터를 가르쳐줄 선생님도 안내 책자도 없었지만 누구나 자유롭게 컴퓨터를 조작할 수 있었다. 한 번도 컴퓨터를 접해 본 적 없는 아이들은 신기해 하며 컴퓨터 앞에 몰려들어 이것저것 만져보기 시작한다. 3개월쯤 지나자 아이들은 인터넷 사용은 물론 기본적인 영어도 습득해서 운영체제의 매뉴얼도 읽을 수 있게 되었다. 또한 자료를 업로드, 다운로드하고, 필요한 정보를 검색하는 것은 물론 이메일도 전송할 수 있게 되었다. 이는 아이들이 시행착오를 겪으며 서로의 생각과 경험을 공유하는 과정에서 이루어낸 성과이다. 수가타 미트라 교수는 TED 강연에서 이렇게 이야기했다.

"아이들에게 스스로 학습할 수 있는 환경을 만들어준다면, 누구나 스스로 배울 수 있다."

교사가 주도적으로 지식을 전달하고 생각을 이끌어가는 수업이 아닌 학생 스스로 실수에서 찾은 경험을 교훈 삼아 성공의 밑거름이 되도록 하는 것이다. 그리고 스스로 탐구하고 동료와 협업하여 지식을 깨달았을 때의 희열을 맛보도록 기회를 열어주는 것이다.

교과 수업에서 교사가 지식을 전달하고 학생들은 이를 고스란히 받아 적는 기존의 수업 방식은 사라져야 한다. 예를 들면 문학 작품에서 작가의 의도, 사회 문제를 바라보는 시각, 도덕적 가치 갈등 같은 문제를 지식 전달 중심의 수업 방식으로 교육하는 것은 지양되어야 한다.

그렇다면 수업을 어떻게 접근하는 것이 좋을까?

국어 수업에서 문학 작품 감상을 하거나 도덕과 사회 시간에 토의토론의 주제가 될 수 있는 단원을 공부할 때 적용할 수 있는 수업 아이디어로 〈토크 콘서트〉가 있다. 활동 순서는 다음과 같다.

첫 번째, 교실에서 함께 교과서 글을 읽는다. 국어책의 제재 글, 도덕책의 동화, 사회책의 논쟁거리가 제시된 글 또는 신문, 그림책도 좋다. 제재 글이 짧다면 낭독으로 내용을 제시할 수 있다. 그러나 전달할 글이 길다면 교사의 설명, 스토리텔링 등으로 안내한다.

두 번째, 읽은 내용에 대해 자신이 친구들과 함께 이야기 나누어 보고 싶은 질문들을 붙임딱지에 작성한다. 이때 붙임딱지에 쓰는 질문의 개수는 제한이 없다. 선생님이 제한시간 3분을 주고, 짧은 시간에 집중력 있게 질문을 작성하도록 하면 보다 효율성이 높다. 질문은 닫힌 질문이 아닌, 열린 질문으로 작성한다. 예, 아니오로 답할 수 있는 질문이 아니라 친구의 생각을 묻거나 작가의 의도를 상상해 보는 질문들이 좋다.

붙임딱지 한 장에는 하나의 생각만 작성하고 멀리서도 볼 수 있도록 사인펜으로 크게 쓰도록 한다. 붙임딱지는 떼고 붙이기가 용이하고, 생각을 썼다가 삭제하고 싶으면 쉽게 떼어버릴 수 있으며, 비슷한 생각끼리 유목화하기도 쉽다. 그리고 익명으로 편안하게 자기 생각을 표현할 수 있다.

세 번째, 작성한 붙임딱지를 책상에 정렬해서 붙인 다음 학급 전체 학생들이 자리에서 일어난다. 그리고 손에 동그라미 모양의 스티커를 여러 장 가지고 교실 전체를 돌아다니며 친구들이 작성한 붙임딱지를 살펴본다.

"와~ 질문 멋지다.""이런 질문도 만들었구나.""질문이 재미있네.""이 질문으로 친구들하고 이야기해 보고 싶다."라는 생각이 드는 신선하고 재미있는 질문이 써 있는 붙임딱지에 공감 스티커를 붙인다. 붙이는 개수는 제한을 두지 않는다. '이 질문 정말 최고야!'라고 하는 붙임딱지에는 2장 이상 붙여도 상관없다.

　질문이 아닌 토론논제 주제를 선정할 때도 동일한 방법을 적용할 수 있다. 오늘 우리 반에서 토의토론할 논제를 선정하고자 할 때 학생들은 붙임딱지에 논의해 보고 싶은 주제들을 적고 논제 전시회를 가질 수 있다. 교사가 일방적으로 논제를 제시하는 것이 아니라, 학생들이 그들의 눈높이에 맞는 논제를 선정하는 것이다. 그러면 아이들이 선정한 주제이고 내용이기에 더욱 적극적으로 참여하게 되고 동기 부여를 자극하기에도 효과적이다.

　이는 학급회의를 진행할 때 좋은 아이디어를 찾아 선정하는 과정에도 활용이 가능하다. 일반적으로는 일제식 책상 배열에서 개개인이 토의의 아이디어를 발표하는 경우가 많다. 그러나 각자의 생각을 적고 해결 방법들을 붙임딱지에 적고 전시회를 연다면 두 가지 효과를 얻을 수 있다. 첫째, 민주적인 절차에 의해 누구나 동등하게 의사결정에 참여할 수 있고, 둘째, 의사 결정에 소요되는 효율성을 극대화할 수 있다는 점이다.

학생들이 서로의 생각을 보고 자유롭게 돌아다닐 때 빠져서는 안 되는 것이 바로 '편안한 음악'이다. 나는 학생들에게 주로 클래식을 많이 들려준다. 쇼팽의 〈녹턴 야상곡〉, 엘가의 〈사랑의 인사〉, 〈Over the Rainbow〉, 〈캐논 연주곡〉, 크라이슬러의 〈사랑의 기쁨〉 등 잔잔하면서도 경쾌한 음악을 애용한다. 학생들이 편안하게 대화하고 질문들에 젖어들 수 있도록 도와주는 것이다. 이렇게 자유롭게 활동을 하다가 어느 정도 시간이 흐르면 모두 자리로 돌아온다.

네 번째, 각자 자리로 돌아온 후, 친구들이 붙여준 공감 스티커의 개수를 확인한다. 만약 질문 전시회를 열었다면 이제는 선정된 질문으로 친구들과 토크 콘서트를 이어갈 수 있다.

A4 종이를 절반씩 세 번 접으면 손바닥 크기가 된다. 다시 종이를 펼치면 8칸이 나누어진 종이가 된다. 8칸에 친구들과 함께 이야기 나누어보고 싶은 질문이 담긴 붙임딱지를 붙인다. 이때 친구들의 공감 스티커 개수는 참고용임을 안내한다. 즉 공감 스티커가 하나도 없어도 내게 의미 있고 꼭 이야기하고 싶은 질문이라면 선택해도 괜찮다. 또한 친구들의 질문들을 살펴보면서 새롭게 떠오르는 질문들이 생길 수 있으므로 즉석에서 질문을 붙임딱지에 적어서 종이에 붙여도 좋다. 만약 활동 시간이 부족하다면 8칸이 아닌, 4칸으

로 나누어지도록 접고 4개의 질문을 붙이고 활동해도 된다. 저학년의 경우 질문에 묻고 답하고 이야기 나누는 시간이 고학년에 비해서 짧다. 따라서 질문의 개수는 8개 정도가 적합하다.

다섯 번째, 학생들은 각자 8장의 붙임딱지가 붙여진 종이 한 장을 들고 모두 일어나서 친구들을 만난다. 친구들을 만나는 방식에는 여러 가지가 있다. 먼저, 교실에서 두 개의 원을 만들어 1:1 만남의 형태로 이야기를 나누도록 자리 배치를 할 수 있다. 이처럼 자리 배치를 하면 친구들을 만나는 순서가 자연스럽게 정해지게 된다.

또 자유롭게 교실을 돌아다니며 섞이게 할 수도 있는데, 이를 'Mingling Activity'라고 한다. 이 방식은 누구를 만날지 예상할 수 없어 아이들의 흥미도가 높다. 교실을 벗어나 운동장이나 강당에서

이야기를 나눌 수도 있다. 조금의 변화만 주어도 학생들은 수업에 깊은 흥미를 느끼게 된다.

여섯 번째, 학생들이 친구와 1:1로 만났을 때 각자 붙인 붙임딱지 질문 가운데 하나를 떼어 친구에게 서로 안내한다. 그리고 생각의 시간을 가진 후 이야기를 나누면 된다.

마지막으로 활동을 마치고 자리로 돌아와 자신이 느낀 점을 붙임딱지 또는 노트에 간략하게 써보는 활동을 한다. 배우고, 느끼고, 실천할 점을 중심으로 논리적인 글을 써본다.

어떤 주제에 대해 혼자서 나름대로 생각하고 작성하는 글을 A라고 하고, 친구와 토크콘서트를 진행하고 써보는 글을 B라고 하자. A, B의 글은 질적으로 다르며, 아이들이 글을 쓰는 태도 또한 다르다. A를 쓰는 아이는 교사의 지시에 어쩔 수 없이 쓰는 수동적인 글쓰기로 무엇을 쓸지 고민하지만, B를 쓰는 아이는 쓸 소재들이 넘쳐 어떤 글을 쓸지 고민하며 글쓰기에 보다 적극적이다.

글을 썼다면 친구들과 돌려 읽으며 정리된 생각을 나눈다. 친구들의 글을 읽으며 나와 다른 시각을 가진 친구들과의 대화를 통해 생각이 깊고 넓어진다. 선생님의 발언이 줄어들고, 학생의 발화시간이 많아지면서 수업의 주인은 바로 학생이 된다. 학생들은 참여를 통해 즐거움을 느끼고, 활동에 몰입하면서 자연스럽게 깨달음을 얻는다.

〈토크 콘서트〉는 거꾸로 수업을 실천하는 선생님께도 추천한다.

학생들이 집에서 국어책의 글을 읽어오고 관련한 질문과 논제를 만들어온 후 교실에서 〈토크 콘서트〉 활동을 바로 진행할 수 있다.

02

글감상자 활동

구글에서는 신입사원을 채용하면 다양한 교육프로그램을 진행하는데 그중 대표적인 것이 바로 'If-And'이다. 종이에 한 사람이 '만약 ~면'이라는 문장을 쓰고 옆 사람에게 돌린다. 그러면 종이를 받은 사람은 If의 상황 속에서 But이 아닌 And로 이야기를 계속 이어나간다. 이렇게 생각이 And와 And로 계속 연결되면서 생각은 더욱 발전되고, 처음 If를 작성한 사람은 상상할 수 없었던 아이디어들로 넘쳐나게 된다.

이러한 프로그램을 글쓰기 수업에 적용한 것이 〈글감상자 활동〉이다.

먼저 교사는 글감상자를 준비한다. 글감상자란 학생들이 흔히 접하는 물건, 장소, 사람 등을 적은 단어 카드가 들어 있는 상자이다.

고학년이라면 단어뿐만 아니라 흔히 사용하는 말, 들으면 기분 좋은 말, 언짢아지는 말 등을 적은 문장 카드도 넣어둔다. 글감상자의 단어, 문장, 문구 등은 학생들이 적은 내용을 바탕으로 만들면 좋다. 학년과 학교 급별에 따라 사용하는 어휘력이 다르기에 학생 수준에 맞게 글감상자를 구성하는 것이 효과적이다.

글쓰기를 위해 교사는 글감상자에서 학생들이 넣어놓은 주요 단어들을 추첨한다. 마치 로또 기계처럼 5~10개의 키워드를 뽑고, 이를 바탕으로 재미있는 상상 글쓰기를 진행한다. 같은 단어와 문구지만 어떻게 순서를 조합하느냐에 따라 전혀 다른 이야기들이 전개될 수 있다. 학생들은 전체 글을 쓰고 발표하거나 또는 주요 문구를 간단히 설명하는 개조식으로 작성한 후 발표한다. 짧은 이야기, 시 쓰기, 작은 연극 대본 쓰기 등 글쓰기의 장르를 다양하게 제시해도 학생들은 즐겁게 참여한다. 또한 교사는 발단 부분의 문구, 전개 부분의 문구, 위기 부분의 문구, 절정 부분의 문구, 결말 부분의 문구 등으로 나누어 제시할 수도 있다.

조금 다른 방법으로 글감상자를 활용할 수도 있는데, 즉흥적으로 이야기를 만드는 활동이다. 한 모둠의 친구들이 모두 나와 5개의

카드를 뽑고 첫 번째 친구가 자신이 뽑은 단어를 활용해 이야기를
시작한다. 그리고 릴레이 형식으로 다음 친구가 스토리를 이어 이
야기를 진행하되, 자신이 뽑은 단어를 꼭 활용해야 한다. 이와 같은
방식으로 즉흥 이야기를 만들어보는 활동을 할 수도 있다.

03

짧은 글, 오랜 감동

미래 시대를 살아갈 우리 아이들이 갖추어야 할 중요한 능력 중 하나가 도덕성이다. 대부분의 산업이 자동화되어가고 로봇이 점차 인간의 일을 대체해 나갈 것으로 보인다. 하지만 로봇과 인공지능이 인간의 능력을 뛰어넘는다고 해도 인간이 가진 따뜻한 감성과 도덕성을 지니기는 쉽지 않을 듯하다.

길리건Carol Gilligan이 주장하는 따뜻한 도덕성을 길러주기 위한 방법(모범, 대화, 실천, 인정과 격려)을 실제 교실에서 통합 적용하는 사례를 살펴보고자 한다. 이를 통해 우리 아이들이 도덕적 판단력과 의지를 가질 수 있기를 기대해 본다.

삶을 뒤돌아보고 반성하며 앞으로의 삶을 계획하고 다짐하고 실천하는 것이 도덕성 발달의 출발이다. 학생들에게 지난 한 주 동안 자신의 말과 행동 그리고 감정을 되돌아보며 어떤 말을 가장 많이 썼는지, 어떤 감정이 나의 마음을 지배했는지 등 나의 생각과 언행을 성찰하며 다음 한 주의 내 삶에 대해 다짐을 하는 시간을 갖게 해보자. 〈짧은 글, 오랜 감동〉의 활동은 크게 5단계로 나뉘어 진행된다.

첫 번째, 성찰 문구 작성 단계이다. 교사는 붙임딱지, 동그라미 스티커, 종이와 펜을 모둠별로 준비한다. 학생들은 지난 한 주 동안 자신들이 자주 느꼈던 감정을 나타내는 단어, 가장 많이 썼던 말, 자신의 삶을 가장 잘 나타내는 단어 등을 자유롭게 붙임딱지에 쓴다. 문장이 될 수도 있고, 단어가 될 수도 있을 것이다. 자유롭게 붙임딱지 매수의 제한 없이 쓰도록 한다. 학생들이 쓴 '성찰 문구'

는 긍정적인 문구와 부정적인 문구로 나뉘어지는데, 칠판이나 교실 한쪽에 긍정적인 문구와 부정적인 문구를 구분하여 붙이도록 한다.

두 번째, 관찰 단계이다. 학생들은 교실 한쪽에 성찰 문구가 게시된 곳으로 다가간다. 그리고 학생들에게 지난 한 주 동안의 삶을 돌아보며 가장 많이 느꼈던 감정, 가장 많이 했던 말, 지난 한 주의 삶을 잘 나타내주는 단어를 찾아보도록 한다. 공감되는 문구에 공감 스티커를 붙이고, 자신에게 가장 공감되는 단어 3~5개를 선택하여 '자기성찰일지' 활동지에 작성한다. 그리고 성찰 단어에 대한 자신의 생각과 느낌, 반성의 글을 활동지에 써보도록 하면 자신은 정작 의식하지 못하며 사용했던 말과 행동 등을 객관화시켜 볼 수 있다. 또한 본인의 마음에 밝고 좋은 감정들이 아닌 부정적인 감정이 자리 잡게 된 원인을 들여다보는 시간이 되기도 한다.

세 번째, 짧은 글 오랜 감동의 단계이다. 교사는 명언이나 책 속의 감동 글귀, 영화 대사 등을 적은 책갈피를 교탁이나 교실 한쪽에 전시한다. 학생들은 전시된 책갈피를 돌아보며 적힌 문구 가운데 자신의 마음을 사로잡는 것을 선택한다. 다음 한 주 자신의 삶의 방향과 지표가 되어줄 감동 문장을 선택한 후 자신의 자리로 돌아간다.

참고로 책갈피는 창의적 체험활동 시간이나 미술 시간을 이용해 학생들 스스로 만들어놓은 수업 교구이다. 자신이 읽고 있는 책에서 좋은 글귀를 찾아 쓰거나, 스마트폰을 검색해서 위인의 말, 명언

등을 적어서 예쁘게 디자인하여 책갈피를 만든다.

　네 번째, 다짐하기 단계이다. 활동지에 조금 전 선택한 감동 문구를 바탕으로 다음 한 주를 어떻게 살아가고 싶은지 구체적인 실천 방법을 적는 시간이다. 교사는 학생들에게 이와 같이 조언할 수 있다.

　"거창하고 위대한 목표를 세우기보다 지금 당장이라도 실천할 수 있는 구체적인 목표를 세우면 좋겠어요. 그리고 성공하는 사람들의 공통점이 바로 좋은 습관을 많이 가지고 있다는 것이지요. 자신에게 경쟁력이 될 수 있는 좋은 습관을 가져야겠다는 생각으로

써보면 좋겠어요."

마지막으로 응원하기 단계이다. 학생들의 작성이 끝나면, 자신이 작성한 글을 모둠별로 돌려 읽으며 친구의 글에 긍정적인 피드백과 응원의 메시지를 쓰도록 한다. 모둠별로 4~5명의 학생들은 선생님의 종소리에 맞춰 천천히 종이를 옆으로 전달하도록 한다.

작성한 글을 돌려 읽고 응원 메시지를 쓰는 데는 나름의 의미가 있다. 친구들이 작성한 글은 비단 그 친구에게만 해당되는 것이 아니다. 또래 친구 모두가 비슷한 고민을 하고 다짐해야 하는 것들이다. 따라서 함께 공유하고 함께 성장해 나가자는 데 의의가 있다. 활동지를 돌려받은 아이들은 자신의 글과 응원 메시지를 읽고 원하는 학생에 한해서 오늘 활동한 내용을 반 전체 학생들에게 공유한다.

●●● 〈자기 성찰일지〉 활동지 ●●●

	성찰 단어	돌아보는 글	응원 메시지
지난주 돌아보기			
	짧은 글, 오랜 감동	바라보는 글	
다음주 바라보기			

04

UK TED 하자

학교 수업을 매시간 새로운 활동과 참여형, 학생 배움 중심 수업으로 진행하면 좋을 것이다. 그러나 현실에서 부딪히는 문제들, 즉 교사의 잡무 처리, 생활지도, 기타 민원 처리 등으로 수업 준비 시간조차 부족할 때가 있어 교사 중심 수업으로 다시 돌아가는 경우가 많다.

그런데 기존의 교사 중심적인 수업에서 약간의 변화만 주어도 충분히 학생이 주인이 되는 수업, 학생들의 배움이 풍성한 수업으로 바꿀 수 있다. 바닷물의 짠맛은 2%의 소금에 의한 것이다. 많은 준비를 한 화려한 수업도 좋겠지만, 기존 수업의 작은 변화로 교사와 학생 모두 만족감을 높이는 방법을 살펴보고자 한다.

〈UK TED〉는 선생님이 수업 시간에 학생들에게 전달하고자 하는 내용을 수업 진행 순서의 첫 글자에서 따온 것이다. 다시 말해, Underline – Keyword – Talk – Explain – Design의 머리글자가 UK TED가 된 것이다.

기본적으로 수업 활동은 2명이 짝을 지어 참여한다. 2명이 함께 과학 공부를 한다고 가정하고 수업의 진행 순서를 구체적으로 살펴보자.

Underline

"오늘 소화기관에 대해서 공부를 하는데, 교과서 112~113페이지까지 읽도록 하겠습니다. 그런데 교과서 내용을 읽으면서 명심할 것이 있습니다. 중요하다고 생각되는 부분에 줄을 긋습니다. 처음 읽을 때는 연필로, 한 번 더 읽을 때는 빨간 펜으로 긋습니다. 그리고 마지막으로 핵심 단어에 형광펜으로 표시합니다."

Keyword

"교과서에서 형광펜으로 표시한 것이 핵심 키워드가 됩니다. 그리고 사진, 도표 그림이 제시된 경우 해당 삽화를 통해서 무엇을 설명하고자 하는지 분석해서 핵심 키워드를 뽑도록 합니다. 교과서 빈 공간에 핵심 키워드를 적어보도록 하고 잘 이해가 되지 않는 부분, 더 알고 싶은 부분, 궁금한 내용을 붙임딱지에 적습니다."

Talk

"왼쪽 학생은 홀수 페이지를, 오른쪽 학생은 짝수 페이지를 옆의 짝에게 설명해 줍니다. 자신이 그은 밑줄과 교과서에서 뽑은 주요 핵심 단어를 보여주면서 번갈아가며 설명해 줍니다. 이때 궁금한 내용과 더 알고 싶은 내용에 대해서도 짝과 함께 이야기를 나눕니다."

Explain

앞서 밑줄 긋기, 핵심 키워드, 이야기 단계에서 교사는 교실을 돌며 조별 또는 개별 피드백을 제공한다. 그런데 설명 단계에서는 교사가 반 전체 학생을 대상으로 교과 내용을 정리해 주는 단계이다. "소화기관에는 어떠한 것이 있나요?" "위는 어떠한 역할을 하나요?"와 같이 열린 질문으로 친구와 학습한 내용을 칠판에 정리해 주는 단계이다. 이때 교사는 학생들에게 최대한 발언권을 많이 주며 발표하도록 유도해야 한다.

Design

최종 노트 정리를 하는 단계이다. 교과서를 읽고 밑줄을 긋고, 핵심 키워드를 찾고, 친구와 교과서의 내용과 도표, 사진 등에 대해 이야기를 나눈다. 이어 선생님이 교과 내용을 최종적으로 정리해준 것을 바탕으로 노트에 필기를 한다. 이때 단순히 문자로만 필기를

하는 것이 아니라, 그림, 기호, 도표, 그
래프, 이미지 등의 비주얼 씽킹과 마
인드맵을 활용하여 내용을 정리하
도록 한다.

이는 학생이 기존의 문자 중심의
좌뇌에 치우친 학습에서 벗어나 그
림이나 이미지를 활용함으로써 우뇌 기
능을 활성화시키는 데 목적이 있다. 또한 한
눈에 학습 내용을 알아보고, 학습 구조를 파악하는 데 매우 효과적
이다.

학생들이 수업을 듣고, 이해하고, 자신의 언어로 표현하는 단계
가 바로 정리 단계이다. 새로운 지식과 기존의 지식이 만나는 유의
미한 작업이 이루어져야 오랫동안 학습 내용을 기억할 수 있다. 또
한 한눈에 볼 수 있도록 일목요연하게 이미지 형태로 정리가 되면
쉽게 내용을 파악할 수 있으니 비주얼 씽킹을 학생들에게 소개하
고 익혀나갈 수 있도록 지도하는 것이 필요하다.

노트 필기는 크게 두 종류로 나눌 수 있다. 핵심 주제 필기와 이
미지 필기이다.

핵심 주제 필기는 노트를 2단으로 나누고 교과서에서 찾은 키워
드를 왼쪽에 적고 이를 설명하는 것을 오른쪽에 적는다. 노트는 위
의 2/3 정도만 작성하고 나머지 아랫부분은 빈 칸으로 둔다.

빈 칸은 관련 문제를 풀고 틀린 것을 붙여두는 공간으로 활용한다. 또는 관련 사진이나 그림을 붙여둘 수도 있다. 다시 말해 오답 노트와 일반 노트를 이원화하지 않으며 하나의 노트에 중요한 내용과 내가 잘 모르는 내용을 담도록 하는 것이다. 그림과 사진 자료도 중요한 것, 기억해야 하는 것 그리고 이해가 잘 되지 않은 것을 중심으로 붙인다.

또 다른 방식은 이미지 필기이다. 쉽게 말해 마인드맵과 비주얼 씽킹을 결합한 노트 필기이다. 과학 시간에 우리 몸에 대해 배운다고 하자. 소화기관, 순환기관, 감각기관 등에 대해 배웠으면 각각의 소단원에 대해서는 중요 핵심 단어를 필기하고 관련 오답 문제를

붙이며 정리한다. 그리고 대단원을 정리하면서 이를 이미지 필기로 나타내는 것이다. 이미지 필기법은 종이 한 장에 대단원의 모든 내용을 다 담는 데 의의가 있다. 이미지 필기에는 세세한 개념 설명이 들어가지는 않고 단원의 큰 줄기만 그리도록 한다.

중앙에 원을 그려 '우리 몸'이라고 쓰고 다섯 개의 가지를 그린다. 다섯 개의 가지는 바로 대단원이 다섯 개의 소단원으로 나뉘어져 있기 때문이다. 소단원의 핵심 단어(감각기관, 소화기관, 배설기관, 호흡기관, 순환기관)를 교과서 차례를 참고하여 쓴다. 그리고 각각의 기관에서 다루어지는 내용에 대해 소가지를 그리고 각 기관에 해당하는 핵심 단어를 작성한다. 만약 초등 고학년이나 중고등학생들이라면 컴퓨터나 스마트폰을 이용해 마인드맵을 작성할 수 있다. OK마인드맵(www.okmindmap.com)이 일반적으로 많이 활용되는데 이외에도 어플리케이션을 검색하면 마인드맵과 관련한 많은 어플들을 사용할 수 있다. 학생들이 종이와 펜으로 이미지 필기가 충분히 익숙해진 후에는 안내해도 좋다.

교사는 정기적으로 전시회를 열어, 학생들이 서로 어떻게 내용을 정리하고 구조화해 나가는지 공유하도록 한다. 같은 내용이지만 보다 쉽게 정리된 친구들의 노트 결과물을 보며 배울 수 있는 기회를 제공하는 것이다.

그리고 하나의 대단원을 마치면 2명이 함께 이미지 노트를 작성하도록 하는데 4절지 크기의 스케치북을 2인당 하나씩 주고, 대단원을 나름의 방식으로 정리하게 한다. 이렇게 수업 정리의 기회를 주면 세 가지 효과가 있다.

첫째, 학생들은 교과서를 다시 읽고 학습을 구조화하려고 노력한다. 내용에 따라 어떠한 형태의 그림과 기호, 표로 나타낼지 고민하는 과정에서 교과 내용이 정리되고 구조화되어간다.

둘째, 좌뇌 중심의 학습자가 우뇌 중심의 학습자가 된다. 또한 반대의 경우도 나타나는데 세부적인 내용에만 집중하던 아이가 전체적인 내용의 위계성을 확인하게 된다. 나무만 보던 아이가 숲을 보게 되는 것이다.

셋째, 설명하고 가르치는 학습이 자연스럽게 일어난다. 무엇을 쓸지 고민하고, 어떻게 정리할지 고민하며 내용이 정리되고 구조화되는데, 그 과정에서 자신이 아는 것과 모르는 것을 확인할 수 있다. 그리고 자연스럽게 묻고 답하며 모르는 것을 교과서에 찾는 탐구 과정이 이어진다.

2명씩 나누어서 진행된 이 활동은 반 학생이 20명이라고 한다면 총 10개의 이미지 필기가 탄생하게 된다. 학생들은 서로의 필기법을 보고 배우게 되며 서로 잘 정리된 필기 노트를 사진 촬영하며 학습에 도움을 받기도 한다. 이렇게 상호 배움의 과정을 통해 함께 성장해 가고, 자신을 한 단계 업그레이드시켜 나갈 수 있다.

이렇게 완성된 후에 학생들은 이 종이 한 장을 두고 단원 전체를 설명한다. "우리 몸은 5개의 기관으로 구성되어 있는데, ~이 있다.

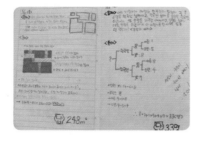

그리고 소화기관에는 입, 식도, 위가 있다. 입은 ~한 역할을 한다."와 같이 스스로 설명하게 하거나 옆의 짝에게 설명하며 질문하고 배우는 시간을 갖도록 한다.

학습 효율성 피라미드에 의하면 우리가 오랜 시간, 가장 잘 기억할 수 있는 방법이 바로 서로 가르치고 설명하는 데 있지 않은가? 이를 통해 아는 것과 모르는 것의 기준을 명확히 한다. 즉 내가 자세하게 설명할 수 있는 것은 아는 지식이고, 제대로 설명할 수 없다면 모르는 것이다. 따라서 명확하게 스스로 말할 수 없다면, 다시 교과서를 찾아 정독하고 충분히 설명할 수 있도록 내용을 살펴보게 해야 한다.

학생들이 이미지 필기를 한 후에는 이를 연상하며 기억하고 설명하게 하는 과정을 반복하게 하자. 우등생은 책을 거의 외우고 있는데 책을 처음부터 외우려 해서 외우는 것이 아니라 반복해서 공부하고 연상하고, 찾아보고 정리하다 보니 자연스럽게 빚어진 결과인 것이다.

학생들이 작성한 핵심 주제 필기, 이미지 필기는 자기평가(Self-test) 도구로도 활용할 수 있다. 예를 들어 이미지 필기한 것을 기준으로 백지 중앙에 원을 그리고 '우리 몸'이라고 쓴 뒤 가지를 다섯 개 그린다. 그리고 자신이 쓴 이미지 필기는 덮어두고 자신이 작성한 것을 떠올리며 빈 칸을 채워나가는 것이다. 아이들은 빈 칸 학습을 하면 자신의 배경 지식과 학습 내용을 총동원하며 빈 칸의 내용을 채우려 한다. 따라서 빈 칸을 두고 스스로 확인하면서 무엇을 알고 무엇을 놓쳤는지 자기평가의 시간을 갖도록 한다. 처음에 빈 칸이 다섯 개였다면 다음에는 그 숫자를 차츰 줄여가며, 나중에는 종이 한 장에 완벽하게 그릴 수 있도록 한다.

교사는 학습을 도와주는 조력자이다. 궁극적으로는 교사의 도움 없이 학생 스스로 지식과 정보를 처리하고 자신의 언어로 이해하고 정리해 나가도록 하는 데 수업의 목적이 있다. 따라서 교사는 일련의 과정을 차근차근 단계별로 제시하고 스스로 학습해 나가도록 안내해야 한다.

이 활동은 학생들이 자신의 학습 전략을 관장하는 메타인지를 발달시켜나가는 데 초점이 맞춰져 있다. 공부에는 왕도가 없다는 진부한 말을 아이들이 피부로 느끼게 되는 시간이다. 교사는 다양한 학습 전략을 소개하고, 학생들은 직접 체험하며 수많은 선택지 가운데 자신에게 가장 적합한 것을 선택하게 된다. 최종 선택은 학생이 하는 것이므로 교사는 많은 방법을 안내해 주는 조력자의 역할을 하면 된다.

05

핵심 키워드 설명

　앞서 반복했듯이 학습 효율성 피라미드에 의하면 서로 설명하기 활동이 가장 효율적으로 학습 내용을 이해하고, 오래 기억하는 방법이라고 한다. 이때 설명하기 활동을 수업에 적절히 적용한 것이 〈핵심 키워드 설명〉이다. 수업 시간에 배운 내용을 본인의 언어로 한 번 정리하면 복습이 바로 이루어진다.

　수업을 마치기 5~10분 전 오늘 수업 내용 중에서 핵심 키워드를 붙임딱지에 정리한다. 그리고 짝에게 자신이 작성한 붙임딱지를 내어놓으며 키워드에 대해 설명하도록 하는데, 만약 설명이 중간에 막힐 경우 친구가 도와주거나 책을 찾아보며 보충 설명을 할 수 있다. 중요한 것은 자신의 언어로 해당 수업 내용을 말하는 것이 핵심 활동인데, 이 활동을 통해 같은 내용을 배우고 서로 어떻게 이해하고 기억하는지를 알 수 있다.

수업의 진행 과정을 조금 다르게 변형할 수도 있다.

선생님이 칠판에 오늘 가르친 내용 중 주요 키워드를 중앙에 써 준다. 이때 용어뿐만 아니라 선생님이 학습과 관련해 전달한 예시 설명의 키워드도 포함시킨다. 키워드를 적은 후, 먼저 왼쪽에 있는 학생이 오른쪽의 학생에게 키워드를 하나씩 설명해 준다. 이어서 선생님이 종을 치면 오른쪽의 학생이 왼쪽의 학생에게 설명을 해주면 된다. 이는 붙임딱지를 작성할 충분한 시간적 여유가 없을 때 간단하게 진행하는 방법이다.

06

수업을 변화시키는 활동 팁

대단한 변화와 거창한 활동만이 교실에 행복을 가져오는 것은 아니다. 기존의 활동에서 약간의 변화만 주거나 생각의 각도를 조금만 바꾸어도 교사와 학생 모두 즐겁게 참여할 수 있는 교육 활동이 된다. 소소하지만 작은 변화로 도움이 될 만한 활동들을 소개한다.

바른 글씨 쓰기 프로젝트

우리 반에는 2개의 프로젝트 팀이 있다.

먼저 수학 만점 프로젝트 팀이다. 학기 초에 친한 친구들이 삼삼오오 모여서 함께 스터디 그룹을 결성하고 같은 수학 문제집을 사서 서로 모르는 문제를 묻고 답하며 공부하는 모임이다. 이는 자발적인 모임으로, 교사는 이따금씩 격려를 해주는 정도다.

또 하나의 프로젝트팀은 바른 글씨 쓰기 프로젝트 팀이다.

3월에 일기 검사를 하면 학생들 가운데 글씨 쓰기를 힘들어 하는 경우가 있다. 당연히 읽기도 어려운데, 신기한 것은 작성한 본인은 그 문자를 해독할 수 있다는 것이다. 그러나 지난주의 일기를 펼치고 읽어보라고 하면 세상 누구도 읽을 수 없는 문자가 된다. 이럴 경우, 바른 글씨 쓰기 프로젝트 팀에 강제로 가입된다. 바른 글씨를 쓰기 위한 목적을 달성하기 위한 것이다.

한 번 굳어진 자세와 습관을 되돌리기에는 많은 노력과 시간이 소요된다. 글씨 쓰기도 이에 포함된다. 글씨는 중요한 의사소통 수단이며, 신언서판(身言書判)이라는 말이 있듯 사람을 판단하는 중요한 기준 중 하나이다. 논술의 첫걸음이 바로 글씨 쓰기이다. 아무리 좋은 내용을 작성했다 한들, 이를 다른 사람이 제대로 읽을 수 없다면 무슨 소용이 있겠는가? 그래서 글씨를 바르게 쓰는 것은 참으로 중요하다.

글씨는 어릴 때 손에 익어지기 마련이므로 글씨 교정의 적기는 바로 학창 시절이다. 학생들의 글씨가 바르지 못하다면 바른 글씨 쓰기 프로젝트를 진행해도 좋다.

일주일에 한 번씩 학생들은 교사가 제시하는 필사 숙제를 해 온다. 첫째 주는 조동화 시인의 '나 하나 꽃이 되어', 둘째 주는 김

춘수 시인의 '꽃', 셋째 주는 유치환 시인의 '행복', 넷째 주는 장석주 시인의 '대추 한 알'을 필사하는 것이다. 교사는 시를 명조체로 프린트한 체본과 빈 종이 한 장을 과제로 제시하는데, 학생들은 체본 글씨를 그대로 따라서 쓰고 빈 종이에는 나름대로 글씨를 관찰하여 쓴다.

　바른 글씨를 쓰기 위해서는 많이 써보는 것도 중요하지만, 바른 글씨를 자세히 관찰하는 것도 중요하다. 글씨의 모양과 균형 상태를 보고 천천히 따라 쓸 때 글씨가 교정되기 때문이다. 최소 6개월 정도 지나면 학생들의 글씨가 차츰 나아짐을 확인할 수 있을 것이다.

바둑알 골든벨

일반적으로 골든벨 프로그램을 진행한다고 하면, 문제를 출제하고 학생들이 보드에 정답을 쓴다. 문제를 맞히면 자리에 남아 있고 틀리면 퇴장하는 방식이다. 공부를 잘하는 학생이면 주목받을 수 있는 기회이고 즐겁게 참여하지만 학업성취도가 낮은 아이들에게는 참 힘든 시간이다. 첫 문제부터 틀려서 퇴장되고, 패자부활전을 통해 살아났지만 다음 문제에서 또다시 금세 퇴장한다. 수업 시간에 겨우 2~3문제만 풀고 수업의 구경꾼으로 전락하는 셈이다.

이를 개선하기 위해 골든벨 대회를 진행할 때 맞힌 학생에게 바둑알을 나누어준다. 퀴즈를 모두 출제하고 나면 바둑알을 가장 많이 가지고 있는 학생이 최종 우승자가 되는 형식이다.

이렇게 진행할 경우 누가 오답자인지 확인이 되지 않기에 학생들의 자존감을 지켜줄 수 있으며, 모든 학생이 모든 문제를 끝까지 집중해서 풀 수 있다. 골든벨을 작성하는 보드는 8절지 도화지를 코팅하여 골든벨 판으로 사용하고, 학생들은 수성펜과 휴지를 이용하여 골든벨 정답을 작성하면 간편하다.

평점 판정

영화, 도서, 연극 등을 선택할 때 우리는 검색을 통해 평점을 확인하고 최종 선택하는 경우가 많다. 평론가의 입장이 되어 글 또는 책에 대해 총점을 매겨보는 것으로 이를 수업에 적용할 수 있다. 예를 들면 국어, 도덕 교과서에 제시된 글에 대해 다각도로 평가하고 평점을 매겨보는 활동을 한다. 단순히 몇 점이 아니라, 통일성, 사용된 언어, 예술성, 작품성, 감동의 정도, 가독성 등 어떠한 부분을 고려했는지에 대한 구체적인 기준을 나름 정해 보도록 지도한다. 평점 판정을 위해 아이들은 다시 글을 읽게 되는데, 이때 스토리에 집중하기보다 이야기의 전개 방식과 작가의 표현 방식 등 다른 관점으로 글을 읽게 된다. 따라서 관점을 나누어 평점을 주고 최종 평균점을 내보는 것이 좋다.

먼저 국어 문학 작품을 읽고 각자 몇 점의 평점을 줄지 고민하도록 한다. 학생들은 각자 어느 분야의 평점이 높고 낮은지 확인하고 그 이유에 대해 설명하도록 한다. 이어서 개인 평점 및 각 항목별 평점을 모둠 친구들과 공유하고 그 이유에 대해서도 돌아가며 발표하도록 한다. 그리고 토론을 통해 모둠의 평점을 정하도록 한다.

모둠 활동을 마치면 모둠 최종 평점을 선정하고 반 전체 학생들에게 발표하며, 모둠별 점수의 평균을 내어 학급 평점을 내면서 최종 수업 활동을 마무리한다.

감정카드를 활용한 수업

"주인공에게 OOO 감정(선택한 감정카드)을 선물하고 싶다." "최근 나에게 또는 친구에게 OOOO 감정을 선물하고 싶다. 왜냐하면 ~~~하기 때문이다." 등과 같은 형식으로 진행된다.

이는 또래상담으로 진행할 수도 있고 자기치유 프로그램으로도 진행할 수 있다. 집단상담 프로그램으로 진행할 경우에는 학생들 간의 래포가 형성된 것을 기본 전제로 한다. 국어 수업의 경우 문학작품에서 주인공의 마음을 헤아리는 감정카드를 선택하는 것에서 나아가, 주인공에게 선물하고 싶은 감정을 선택하도록 하고 이유도 생각해 보게 한다.

경청 활동

학생들이 누군가의 말에 경청하는 태도를 길러주는 훈련이다. 단어와 문장 하나하나에 전달하고자 하는 의미를 정확하게 그려낼 수 있도록 훈련하고 표현하는 것을 익히는 활동이다.

교사는 학생 모두에게 A4 종이를 배부하고 사진 한 장을 준비한다. 인물이든 배경 사진이든 상관없다. 예를 들어 어느 중년 남자가 모자를 쓰고 마이크를 들고 무대에서 노래하고 있는 사진을 준비했다고 하자. 교사는 하나의 문장에 하나의 정보를 전달한다는 원칙하에 천천히 사진을 말로 설명한다.

"이 남자는 서 있다""안경을 쓰고 있다""머리는 여자처럼 어깨까지 내려온다""모자를 쓰고 있다""상의는 반팔 셔츠를 입고 있다"와 같이 말로 사진의 모습을 묘사한다. 학생들은 선생님의 말을 듣고 연필로 사진의 장면을 상상하며 그림을 그린다. 만약 색연필이 준비되었다면 색깔에 대한 묘사도 가능하다. 설명이 끝나면 그림을 모두 걷은 후 실제 사진과 비교해 보여준다. 교사가 준비한 사진과 가장 유사한 그림을 그린 학생이 최종 우승하게 되며 학생들은 즐겁게 활동을 마무리한다.

활동을 마무리할 때는 배우고 느끼고 실천할 점을 발표하는데 이 활동을 조금 다르게 진행할 수도 있다. 학생 2명이 각각 신문지 1장씩을 갖고 등을 맞대고 선다. A학생은 신문을 접고 찢으면서 B학생에게 자신의 행동을 하나하나 자세하게 설명한다. 서로 등을 맞대고 있으니 오직 A학생이 설명하는 말에 의존하여 B학생은 신문지를 접어야 한다. A학생이 종이 접기를 종료하고 난 후 두 사람의 종이 모양이 일치하는지 확인하면 된다.

낭독 읽기

슬로우 리딩, 함께 읽기 전략으로 같은 글을 함께 동시에 읽어나가는 읽기 활동이다.

먼저 글을 읽는 순서를 정한다. 1모둠 1번 학생부터 6모둠 4번 학생까지 순서를 정한다. 기존의 읽기는 한 페이지씩 읽거나 선생님이 분량을 정해 주는 경우가 많은데 낭독 읽기에서는 본인이 읽을 수 있는 만큼의 분량을 읽는다. 분량에는 전혀 제한이 없으며 낭독 순서가 되면 해당 학생은 자리에서 일어나 글을 읽다가 그만 읽고 싶으면 자리에 앉으면 된다. 그러면 다음 친구가 일어나서 본인이 읽고 싶은 만큼 글을 읽으면 된다. 단, 글을 또박또박 크게 읽고 대화체는 실감나게 읽으면 더욱 좋다.

낭독을 하다가 교사는 전체 글의 1/3의 지점 또는 1/2 지점에서 낭독을 멈추고 토의토론을 진행한다. "만약 주인공이 이러한 선택을 하지 않았다면 어떻게 되었을까?" "혹시 주인공과 같은 경험을 한 적이 있는지 이야기해 보자." "주인공의 마음은 어떠할까?" 또는 함께 토론해 보고 싶은 주제를 학생들이 써보고 신호등 토론을 통해 적절한 토론 주제를 정해 보는 것도 좋다. 예를 들면, "아낌없이 주는 나무의 행동은 소년의 삶에 도움이 되었는가?"의 토론 주제에 대해 찬성은 손바닥을, 반대는 손등을 선생님께 보인다. 이와 같이 토론 논제에 대한 입장을 확인한 후, 찬성과 반대의 숫자가 비숫한 경우 토론의 논제로 선정할 수 있다.

낭독 중간에 토의토론을 진행함으로써 학생들은 글 읽기에 보다 몰입하며 깊은 관심을 가지고 스토리 라인에 젖어든다. 낭독을 통해 학생들은 보다 집중력 있게 글 읽기를 하게 되고, 읽는 사람은 묵독으로 읽는 것보다 더 많은 생각과 느낌을 얻을 수 있다.

모든 낭독을 마치면 서로의 느낌과 생각을 모둠별로 자유롭게 나눌 수 있다.

조 편성

교실에 학생들을 모두 한 줄로 세운다. 교사는 생일을 확인한 후 1월 1일부터 12월 31일까지 순서대로 서도록 한다. 학생들은 자신의 생일이 있는 달을 손가락으로 표시하며 순서를 맞춰나간다. 그리고 해당 월에서 며칠인지 물어보고 순서를 맞춰 선다.

태어난 월별로 학생들이 줄을 다 서면 교사는 한 명씩 번호를 매긴다. 1번, 2번… 5번. 그리고 1번끼리 1모둠을 구성하고, 2번끼리 2모둠을 구성하고 3번끼리 3모둠을 구성한다.

혈액형별로 모이게 한 후 동일한 방식으로 번호를 부여하고 1번끼리, 2번끼리 모이게 하면 각 모둠에 다양한 혈액형이 분포된다.

또래교사 활동

수업 시간에 과제를 먼저 해결한 친구들이 그렇지 못한 친구를 도와주는 활동이다. 과제를 통과한 친구들은 또래교사가 되어, 통과하지 못한 친구들을 가르쳐주며 통과를 이끌도록 한다. 가르쳐주는 학생은 교과 내용을 자신의 언어로 풀어내면서 학습의 구조화 작용이 일어나게 되며 말을 하면서 학습 내용이 정리되는 인지적 정교화 과정을 거치게 된다. 모둠별로 보상을 주고 가르쳐주는 것도 좋다.

발언 쿠폰

토의토론을 할 때 일부 학생만 참여하는 경향이 있다. 따라서 모든 학생이 동등한 기회를 갖고 다 함께 참여하도록 유도하기 위한 방법으로 발언 쿠폰을 제공한다. 발언을 하기 위해서는 쿠폰을 제시하여야 하며, 주어진 토의토론 시간에는 쿠폰을 모두 사용해야 한다는 규칙이 있다. 발언 쿠폰이 없으면 발언 기회가 주어지지 않으니 신중하게 고민하고 생각해서 이야기하는 습관을 길러줄 수 있다. 더불어 무임승차를 막을 수 있는 방법이기도 하다.

쿠폰의 종류를 달리할 수도 있는데, 예를 들면 발언 쿠폰, 칭찬

쿠폰, 재발언 쿠폰 등이다. 발언할 수 있는 쿠폰도 있고, 자신의 주장을 다시 한 번 강조하는 쿠폰도 있으며, 다른 친구의 의견을 칭찬하는 쿠폰도 있다. 동일한 방식으로 모든 쿠폰을 사용하여야 한다. 이 활동은 자기 생각만 주장하는 것을 떠나 다른 사람의 의견을 경청하고 좋은 점을 발견하게 하는 효과를 기대할 수 있다.

금기어 토론

토의토론을 하다 보면 몇몇 학생들이 토의토론의 분위기를 흐리는 경우가 있다. '몰라' '싫어' '글쎄'와 같이 참여를 거부하기도 하고 토의토론에 참여하지 않고 다른 생각을 하거나 무기력하게 앉아 있는 경우도 있다. 따라서 이러한 발언을 금기어로 만드는 규칙을 정한다. 금기어로 규정된 말을 사용할 경우 학생들은 해당 학생에게 벌칙을 줄 수 있는데, 얼굴에 스티커 붙이기, 토론자들의 어깨 주물러주기, 인디안밥을 외치며 등 두드려주기 등의 벌칙을 진행할 수 있다. 이 활동은 다른 사람의 말을 경청하며 적극적으로 자신의 의견을 발표하도록 격려하는 데 의의가 있다.

재미있게 발표자 고르는 법

학년이 높아질수록 발표하려는 학생의 수가 줄어든다. 아이들이 적극적으로 참여하며 재미있게 발표할 수 있도록 할 방법은 없을까?

첫 번째 방법은 추첨이다. 여름에 먹는 하드의 나무 막대에 번호를 써서 추첨하는 방식이다.

두 번째는 학생들이 발표자를 고르는 것이다. 인형을 가져와 다음 발표자에게 인형을 던져주는 방식이다. 이때 교사는 인형을 세게 던지지 않도록 학생들에게 사전에 안내해야 한다.

세 번째는 선생님이 주는 선물이다. 선생님이 주는 선물에는 특별한 의미가 있다. 액수를 떠나 아무리 작은 것이라도 선생님이 준 것은 아이들에게 특별한 선택을 받았다는 느낌을 갖게 한다. 이번 달에 생일을 맞이한 학생, 가장 근거리 통학자, 가장 원거리 통학자, 가장 오래된 동전을 가지고 있는 사람, 지폐의 일련번호 맨 마지막 두 자리의 숫자가 OO인 사람 등 다양한 방법으로 선물을 주어 수업에 재미를 더할 수 있다.

만약 부모 참여 행사라면 지참하고 있는 영수증 중에서 가장 많은 금액을 쓴 사람, 또는 가장 적은 금액을 쓴 사람을 찾아 소소한 상품을 주는 것도 행사를 재미있게 만드는 감초 같은 시간이 될 것이다.

초성 수업 목표

학습 목표를 제시할 때 핵심이 되는 단어를 초성으로 나타내어 학생들로 하여금 호기심을 자극할 수 있다. 예를 들어 '분모의 최소공배수를 이용하여 통분할 수 있다'가 학습 목표라고 하자. 교사는 '분모의 ㅊㅅㄱㅂㅅ를 이용하여 ㅌㅂ할 수 있다'라고 제시한다. 간단한 팁이지만 수업 도입부에 호기심을 자아내고 지난 차시를 상기하게 하는 기회를 가질 수 있으며, 학생들의 집중을 끌어낼 수도 있다.

교과
수업 틀을 깨다

함께 읽고,
이야기하고, 배우는
독서 수업

  미래의 인재로서 갖추어야 할 역량 가운데 하나가 지식 정보처리 역량이다. 스스로 지식을 탐구하고 분석하며 이를 이해하고 습득해 나가는 것은 창의적 사고의 중요한 기초 체력이 된다. 그래서 학생들이 어떠한 정보를 받아들이고 생각하고 의문을 품고 친구들과 함께 토의토론하는 태도는 매우 중요하다. 이러한 활동은 사고의 범위와 폭을 넓고 깊게 만드는 데 필수적인 과정이다.

  혼자 책을 읽고 가진 느낌과 생각은 한정적일 수밖에 없지만 자신의 느낌과 의견을 다른 친구들과 함께 나눌 때 사고의 양은 눈덩이처럼 커진다. 다시 말해, 어떠한 지식과 정보를 혼자 공부하고 학습하는 것보다 함께 이야기 나누며 서로의 생각을 공유하는 것이 즐겁다고 느끼는 것이 중요하다.

  디지털 키즈인 요즘 세대의 아이들은 스스로 책을 읽고 사유하고 탐구하는 능력이 갈수록 줄어들고 있다. 찰나적이고 순간적이며 자극적인 영상에 노출되어, 즉각적인 반응이 나오지 않으면 흥미를 느끼지 못하는 팝콘 브레인(popcorn brain)이 되어가는 듯하다.

  학교 교육에서 교사는 학생들에게 생각의 힘과 사유의 즐거움, 함께 배우고 토의토론하며 생각을 확장해 나가는 것의 깨달음을 경험하게 해야 한다. 그렇다면 어떻게 해야 책을 함께 읽고, 책에 흠뻑 빠져, 앎의 즐거움을 느끼게 할 수 있을까?

01

함께 성장하는 독서 수업의 실제

학생들에게 책을 읽어주는 방법에는 크게 네 가지가 있다.

첫째, 책의 내용을 있는 그대로 교사가 생동감 있게 읽어주는 것이다. 실물화상기를 이용하거나 교사가 책을 직접 들고 읽어준다. 또는 책 전체를 스캔하여 화면에 띄워주며 읽어줄 수도 있는데 이렇게 읽어줄 수 있는 책은 글밥이 적은 그림책이 대부분이다.

둘째, 장편동화의 경우 교사가 책을 읽어주는 데 한계가 있다. 따라서 교사가 책을 읽고 그 내용을 이해한 후에 중요한 사건들을 중심으로 스토리텔링을 하며 들려주도록 한다. 이때 교사가 마치 1인극을 하듯이 비언어적, 반언어적 요소를 적절히 활용하여 이야기를 들려주면 아이들은 충분히 몰입한다. 물론 교사는 책의 내용을 완전히 이해하고 있어야 해서 책을 충분히 읽어야 하기에 부담스러울 수도 있다.

셋째, 책의 삽화를 제시하며 이야기를 들려준다. 저학년 아이들은 시각적인 그림을 통해 내용을 보다 더 쉽게 이해하고 마음껏 상상의 나래를 펼칠 수 있다.

마지막으로 책에 제시된 주요 키워드를 중심으로 스토리텔링을 해주는 것이다. 예를 들어 〈토끼와 거북이〉 이야기를 선생님이 들려준다고 하자. 이를 키워드 중심으로 스토리텔링을 한다면, 교사는 '토끼와 거북이, 달리기 경주, 시작, 앞서가는 토끼, 휴식, 낮잠, 거북이, 천천히, 꾸준히, 우승, 후회, 결과'와 같은 키워드를 차례대로 보여주며 이야기를 들려줄 수 있다.

《행복한 청소부》에 삽입된 그림을 한 장씩 보여주며 선생님이 학생들에게 스토리텔링을 해보자. 책을 읽어주는 교사의 표정, 몸짓, 손짓 등의 비언어적 요소와 목소리의 고저, 강세 등 반언어적 요소를 살려 이야기를 들려주면 더욱 즐거울 것이다. 아이들은 교사의 1인극을 보며 책의 내용을 이해하게 된다.

또한 책에 미술 작품이 소개되었다면 실제 미술 작품을, 음악이 소개되었다면 책을 읽어주는 과정 중에 그 음악을 들려주는 것도 좋다. 이것을 오감 독서라고 하는데 교실에서 오감을 적극적으로 활용하여 책에 최대한 빠져들게 하는 것이 목표다. 이처럼 책 내용에서 한 걸음 더 나아가 교사가 준비한 자료를 덧붙여 주면 아이들은 책에 더욱 몰입한다.

스토리텔링을 마친 후 교사는 학생들에게 책을 덮고 난 첫 느낌이 어떠한지 물어볼 수 있다. 이를 모둠별로 또는 어깨짝과 함께 나눌 수 있는 시간을 짧게 가져보자.

02

질문 만들기와 질문 전시회

아이들과 함께 책을 읽고 함께 성장할 수 있는 구체적인 방법에는 어떠한 것들이 있을까?

〈질문 만들기〉 활동은 책을 읽고 친구들과 함께 이야기 나누고 싶은 질문들을 자유롭게 작성하는 것이다. 이 활동을 진행하기 전에 학생들이 다양한 유형의 질문을 이해하고 만들 수 있는 사전 연습이 된 상태라면 더욱 좋다.

학생들이 흔히 만드는 질문의 유형을 정리해 보면 다음과 같다.

첫째, 정의형 질문이다. 추상적인 단어, 비가시적인 단어들을 나름대로 정의하는 질문인데, 예를 들어 '사랑은 무엇인가?' '행복은 무엇인가?'와 같은 질문이 있다.

둘째, 가정형 질문이다. '만약 ~였다면, 어떻게 할 것인가?'의 형식으로 질문을 만드는 것이다. '만약 네가 주인공이었다면 어떻게 행동을 했을까?' '만약 다른 선택을 했다면 결과는 어떻게 달라졌을까?'와 같이 If, If not을 활용한 질문이다.

셋째, 개인적인 질문이다. 책의 내용과 유사한 개인적인 경험이 있는지를 묻는 질문이다. 예를 들면 '주인공처럼 무서운 공포감을 느껴본 적이 있는가?' '키우던 애완동물과 이별한 경험이 있는가?'와 같이 개인 경험을 묻는 질문을 작성한다.

넷째, 분석적인 질문이다. 왜 그렇게 행동하고 말했을까를 묻는 질문이다. 가령, '주인공은 왜 말없이 그 자리를 떠났을까요?' '그러한 상황에서 주인공이 눈물을 흘린 까닭은 무엇일까요?'와 같이 상황을 분석하고 그 이유를 생각해 보는 질문이다.

다섯째, 복합형 질문이다. 《심청전》의 심봉사와 《흥부와 놀부》의 흥부가 만났다면 어떠한 대화를 나눌까?'와 같이 해당 작품과 다른 작품의 인물 또는 상황을 결합시킨 질문이 여기에 해당된다.

마지막으로 문제해결형 질문이다. '거절을 잘 하지 못하는 주인공은 어떻게 효과적으로 문제를 해결할 수 있을까?'와 같은 질문을 만들 수 있다.

선생님은 위와 같은 질문 유형을 안내하고 학생들과 함께 생각해 본다. 학생들과 충분히 질문 만드는 과정을 연습해 본 후에 스스로 질문을 만들어보라고 하면, 쉽게 다양한 질문을 만들어낸다. 학생들은 붙임딱지에 책 내용을 바탕으로 하여 친구와 함께 이야기 나누고 싶은 질문들을 거침없이 적는다. 학생들이 질문을 적을 때는 교사의 지도가 중요하다.

"질문의 질도 중요하지만 양이 더 중요합니다. 많은 질문들을 거침없이 쓰다 보면 그 가운데 좋은 질문도 나올 수 있습니다. 그러니 떠오르는 질문을 스스로 판단하지 말고 일단 쓰면 됩니다. 판단은 나중으로 미루는 거죠. 그러면 다양한 유형의 질문을 찾을 수 있답니다."

학생들은 짧은 시간이지만 꽤 많은 질문을 붙임딱지에 적고 이를 책상에 붙인다. 모든 학생이 〈질문 만들기〉 활동을 마치면, 자리에서 일어나 1인당 10개의 공감 스티커를 들고 교실을 돌아다닌다. 그리고 '아, 참 좋은 질문이야!' 또는 '이 질문으로 친구들과 이야기 나누어보고 싶다.' 하는 질문에 공감 스티커를 붙인다. 즉 〈질문 전시회〉가 개최되고, 자신의 질문뿐만 아니라 반 전체 친구들의 질문을 읽으며 이전에 생각하지 못했던 질문도 떠오를 수 있게 된다.

다른 사람의 질문 내용을 읽는 것만으로도 사고력이 신장되며, 창의력이 향상된다. 따라서 〈질문 전시회〉가 열리는 중간에 번뜩이는 질문이 머리를 스친다면 붙임딱지에 쓰고 자신의 책상에 붙여도 좋다. 이것이 바로 집단지성의 힘이다.

질문 전시회 후에 학생들은 본인의 자리로 돌아가 A4 종이에 친구들과 이야기 나누고 싶은 최종 질문 4개를 선정해서 붙이도록 한다. 이때 스티커의 개수를 참고해서 최종 질문을 선택해도 되고, 개수와 상관없이 본인의 생각대로 선택해도 무방하다.

　최종 질문 선택을 마치면 학생들은 모두 자리에서 일어나 '자유토의토론' 활동으로 서로의 생각을 나누도록 한다. 이때 학생들이 친구들과 함께 나누었던 생각을 종이에 간단히 메모하게 해도 되는데, 저학년의 경우 너무 쓰는 것에 집착해서 시간이 길어지는 경우가 있으니 고학년의 경우만 짧게 요약해서 써보게 하는 것이 좋다.

　자유롭게 교실을 돌아다니며 파트너를 만나고 활동에 참여하는 '자유토의토론' 과정에서는 활동 규칙을 정하면 좋다. 활동을 함께 할 파트너가 없는 경우에는 선서하듯 오른손을 펴서 들고 '나는 지금 함께할 파트너를 찾고 있다'라는 뜻을 알린다. 수신호로 자신의

의사를 표현하고 파트너를 찾으면 하이파이브를 한다.

　교실 바닥 곳곳에 붙임딱지를 붙여 대화 구역을 설정하는 방법도 있다. 대화 구역은 활동하는 학생들 사이에 적절한 여유 공간을 두고 서로에게 방해되지 않도록 하기 위한 공간이자 하나의 대화 구역에서는 1:1로 대화하도록 함으로써 활동이 자칫 게임이나 잡담시간이 되지 않도록 예방하기 위한 조치이기도 하다. 학생들이 파트너를 찾기 위해 하이파이브를 하고, 파트너를 찾으면 가장 가까운 대화 구역으로 이동해서 활동을 이어가면 된다. 수업 활동을 모두 마치면 바닥에 붙여진 붙임딱지는 쉽게 제거가 가능하다.

　질문을 만들고 친구와 생각을 나누면 사고의 폭과 넓이가 깊고 넓어진다. 이 활동을 통해 학생들은 자신이 바라보고 느낀 것만이 전부가 아님을 깨닫고 새로운 시각에서 책을 해석하고 바라보는 열린 눈을 가질 수 있다.

03

이미지 활동과 배.느.실

독서 수업을 통해 배우고 느끼고 생각한 것을 최종적으로 정리하는 활동을 살펴보자. 글쓰기를 통해 내용을 정리할 수도 있고, 간단한 수업 교구를 활용해 생각을 정리할 수도 있다.

앞서 안내했던 이미지 카드를 활용하여 생각을 정리하는 〈이미지 활동〉과 수업 활동을 최종 정리하는 〈배.느.실(배우고, 느끼고, 실천할 점)〉 활동을 소개한다.

질문을 만들고 서로 인터뷰하며 생각을 공유하는 활동을 마쳤다면 이제는 〈이미지 활동〉을 할 수 있다. 책을 읽고 가졌던 느낌과 생각은 친구들과 함께 나누면서 더욱 크고 깊어진다. 예를 들면, 《행복한 청소부》의 핵심이 되는 키워드 '행복'을 바라보는 관점도 다양해진다. 행복이라는 비가시적인 것을 가시적으로 비유하여 표

현하는 것이 이미지 활동의
핵심이다.

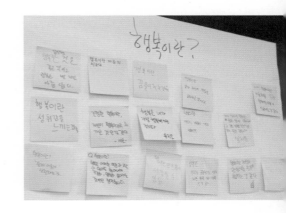

　우리 반 교실 한 켠에는 과
월호 잡지들이 있다. 도서관
에서 오래된 잡지들을 폐기
할 때 가져온 것과 학생들
이 보지 않는 잡지를 집에서
가져온 것이다(잡지는 어린이

잡지로만 한정하도록 한다). 잡지는 컬러에 종이의 재질도 좋아 신문
보다 활용하기가 더 좋다.

　먼저 학생들이 가져온 잡지를 모둠별로 10권씩 배부한다. 그리고
잡지에서 인물, 풍경, 사물 사진을 가급적 A4 종이 절반 정도 사이
즈로 최대한 많이 오리도록 한다. 이렇게 학생들이 오린 사진 자료
는 〈이미지 활동〉에서 가장 중요한 학습 자료이자 도구가 된다.

　교사는 학생들이 오린 '이미지 사진'을 무작위로 모둠별로 30장
씩 나누어주고 학생들은 30장의 사진을 모둠 책상 중앙에 한눈에
볼 수 있도록 펼쳐놓는다. 그리고 다음과 같이 지도한다.

　"《행복한 청소부》를 읽고 가장 핵심이 되는 단어인 '행복'에 대해
함께 생각해 보면 좋겠어요. 여러분이 행복의 뜻을 정한다면 어떻
게 할 것인지 생각해 봅시다. 행복의 사전적 의미는 '생활에서 충분
한 만족과 기쁨을 느끼어 흐뭇함. 또는 그러한 상태'입니다.

'행복은 ○○○이다. 왜냐하면 ~이기 때문이다'라는 형식으로 행복의 뜻을 정의해 봅시다. 지금 여러분 앞의 사진 30장 중에서 행복을 나타내는 사진 한 장을 선택하고 그 사진을 고른 이유를 붙임딱지에 적어보도록 합시다."

학생들이 행복에 대한 정의를 작성한 후에는 모든 학생들이 자리에서 일어나 이미지 카드를 가지고 친구들과 본인이 작성한 행복의 뜻에 대해 서로 나누는 시간을 가진다. 진행 방법은 다음과 같다.

예를 들어, A학생이 푸르른 하늘 사진을 선택하고 다음과 같이 말한다.

"행복은 공기이다. 행복은 언제 어디서나 우리와 함께하고 있기 때문이다."

B학생은 아이가 찰흙을 가지고 노는 사진을 선택한 후 이처럼 말한다.

"행복은 찰흙이다. 찰흙이 내 손 가는 대로 빚어지듯 행복도 우리 마음먹기에 달려 있기 때문이다."

이처럼 두 친구가 행복의 뜻을 정하고 서로 내용을 주고받았다고 하자. 서로 행복의 의미를 공유하고 난 후 두 친구는 그냥 헤어지고 다른 친구를 만나러 가는 것이 아니라 사진을 서로 교환한다. 그러면 A학생은 찰흙 사진을, B학생은 하늘 사진을 갖게 된다. 이후 A학생은 찰흙 사진을 들고 다른 친구를 만나 행복은 찰흙이라고 정의하고 그 이유를 말한다. 이유는 방금 전에 B학생에게서 들은 내용을 그대로 전달해도 되고 또는 A학생이 나름대로 재해석해서 전혀 다르게 말해도 괜찮다. B학생도 마찬가지로 A학생에게서 전달받은 하늘 사진을 두고 나름의 재해석을 하거나 A학생의 의도를 그대로 전달하는 등의 선택을 할 수 있다.

이와 같은 방법으로 이미지 활동이 이어지다 보면 처음에 내가 선택했던 사진을 다시 만나게 될 수도 있는데, 처음 내가 선택했던 사진의 의도와 다른 친구로부터 듣는 그 사진의 선택 이유가 전혀 다를 수도 있다.

이미지 활동을 통해 학생들은 같은 내용을 함께 읽었지만 각자의 생각이 다르다는 사실을 확인하게 된다. 또한 나의 생각과 주장만 옳은 것이 아니라 때로는 틀릴 수도 있고 내 생각이 다른 친구와 다를 수 있음을 인정하게 된다.

책을 읽고 질문을 만들고 이미지 활동을 하다 보면 내용을 파악하는 능력, 감상능력, 의사소통능력, 창의력과 상상력 등 학생 본인도 모르게 지혜가 자라난다.

수업의 마지막 교실 활동은 항상 〈배.느.실〉로 마무리한다.

A4 종이를 3단으로 접은 후 각 칸에 배운 점, 느낀 점, 실천할 점을 적는다. 그리고 모둠별로 또는 학급 전체 앞에서 내용을 발표하거나 붙임딱지에 내용을 적어 교실 한쪽에 게시한다. 이를 통해 학생들은 나뿐만 아니라 다른 친구들이 무엇을 배우고 느끼고 생각했는지 자연스럽게 확인하고 공유할 수 있다.

다음은 독서 수업을 실제로 어떠한 순서와 활동으로 진행하는지 안내하는 예시이다. 독서 수업은 어떠한 주제로 접근하느냐에 따라 수업 내용과 활동이 달라질 수 있으며, 다음에 소개하는 독서 수업의 실제에서는 '진로'에 초점을 두고 수업을 진행한 것이다(이 수업 사례는 국립어린이청소년도서관에서 발행되는 〈도서관 이야기〉 2017년 1~3월호에 연재된 내용입니다).

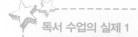

내가 가장 행복할 수 있는 길, 진로

진로(進路)란 사전적 의미로 앞으로 나아갈 길, 각 개인이 앞으로 살아갈 방향을 의미한다. 자신의 삶의 운전대를 조정하는 사람은 당연히 자기 자신이어야 하지만 그렇지 않은 경우도 많다. 사회적으로 성공한, 안정된 직업을 따라가려 한다면 내 삶의 운전대는 사회가 잡고 있는 것이며, 부모님의 말씀에 무조건 따른다면 운전대의 주인은 부모님일 것이다.

분명한 것은 내 삶의 주인은 나 자신이며, 운전대는 자신이 굳게 잡아야 한다는 사실이다. 그에 따라 '우리는 어떠한 방향으로 내 삶을 이끌고 가야 할 것인가?' 하는 중요한 물음에 직면하게 된다. 그 물음에 대한 정답은 세상 어느 누구도 줄 수 없지만 주변 사람들과 좋은 책들이 해답을 줄 수 있다. 많은 해답들 가운데 자신이 선택한 것이 바로 정답이 될 것이다.

《행복한 청소부》는 인생의 방향을 설정하는 데 있어 중요한 기준을 마련해 준다. 진로를 결정할 때 가장 중요한 것은 연봉, 지위, 안정성이 아니라 '내가 얼마나 행복할 수 있는 일인가?' 하는 것이기 때문이다. 세상의 기준, 주변 사람들의 기준에 휩쓸리기보다 '정말 내가 행복하게 오랜 시간 할 수 있는 일'이 본인이 가야 할 길임을 알려주는 작품이다.

• 활동 도서 - 《행복한 청소부》

《행복한 청소부》는 독일 작가 모니카 페트의 작품으로, 주인공은 독일의 거리를 배경으로 한 청소부이다. 이 책에는 어느 날 아이와 부모의 짧은 대화를 들은 뒤 이를 계기로 배움과 도전의 삶을 살아가는 청소부 아저씨의 모습이 그려져 있다. 누군가에게 보이기 위한 것도, 많은 돈을 벌기 위한 것도 아닌 오직 자신의 '행복'만을 위해 자신의 길을 묵묵히 걸어가는 청소부 아저씨의 삶이 잔잔한 감동을 준다.

• 줄거리

독일 길거리의 표지판을 닦는 성실한 청소부가 있다. 어느 날, 그는 아이와 엄마의 대화를 듣고 삶의 터닝포인트를 맞이한다. 그는 자신이 닦고 있는 음악가의 길, 문학가의 길 표지판에 등장하는 인물에 대해 아무것도 모른다는 사실을 알게 된다. 아저씨는 그날 이후, 퇴근 후 집으로 돌아가 표지판에 등장하는 독일의 음악가, 문학가에 대해 공부를 한다. 그리고 책을 읽고 신문을 보며 도서관을 다니며 자신이 정한 목표대로 공부해 나간다.

그는 길거리의 표지판을 닦으며 어제 저녁에 들었던 음악가들의 작품에 대해, 그리고 문학작품의 감동적인 구절에 대해 읊조리기 시작했다. 멜로디를 휘파람으로 부르고 시를 낭송하고 가곡을 부르자 지나가는 행인이 모여들기 시작했다. 많은 행인들은 가던 길을 멈추고 아저씨가 혼자 읊조리는 이야기에 귀를 기울였다. 아저씨가 하나의 표지판을 닦고 다른 표지판으로 이동할 때, 사람들은 아저씨의 이야기를 더 듣기 위해 따라가기도 했다.

도시에 재미있는 풍경이 벌어지자 언론사에서는 아저씨를 취재했고, 그는 유명해졌다. 아저씨는 네 곳의 대학으로부터 교수로 와 달라는 제안도 받게 되었으나 그는 표지판 닦는 일을 계속하고 싶다며 정중히 거절한다.

• 활동 방법

- 수업 대상 : 초등 4학년 ~ 성인
- 수업 시간 : 약 80분

독서 활동은 독서 전과 독서 후 활동으로 구분할 수 있다.

독서 전 활동은 다음의 두 가지가 가능하다.

첫째, 〈브레인스토밍 게임〉이다. 책의 제목만 제시하고 이 책에 제시될 것 같은 단어를 예상하고 붙임딱지에 작성한다. 그리고 어떠한 이야기를 예상하는지, 왜 그러한 단어가 등장할 것 같은지 이야기를 나누어본다. 책을 읽고 난 후에는 처음에 작성했던 내용과 비교해 본다.

둘째, 〈나도 작가다〉 활동이다. 책에 등장하는 주요 키워드 5개를 가지고 이야기를 만들어본다. 작가 역시 5개의 키워드로 멋진 이야기를 만들어 작품을 완성했고, 자신도 같은 키워드로 이야기를 만들었다. 이후에 책을 읽으며 자신의 이야기와 작가의 작품을 비교해 본다.

독서 후 활동 역시 두 가지로 정리될 수 있다.

첫째, 자신의 꿈과 연관 지은 독후활동지 작성이다. 예를 들어 꿈이 선생님이라면, 독후활동으로 책을 어떻게 지도할지 독서수업지도안을 짜보면 좋다. 꿈이 음악가라면, 이 책과 가장 어울리는 음악을 선정해보고, 운동선수라면 나중에 감독이 되어 선수들에게 이 책을 소개하면서 어떤 이야기를 해줄지 써보면 좋다.

둘째, 한 줄 독후감이다. 책의 마지막 장을 넘기면서 가졌던 느낌과 생각, 깨달음을 책의 맨 뒷장에 한 줄로 적는 것이다. 나중에 이 책을 다시 읽었을 때의 느낌과 비교해 볼 수 있을 것이다.

① 마음 열기(〈당신만 봅니다〉 활동)

독서 수업을 진행할 때 가장 중요한 것이 바로 마음 열기 프로그램이다. 참여자와 독서지기(교사) 간의 마음 열기, 그리고 참여자 간의 마음 열기는 매우 중요하다. 마음이 열리지 않으면 참여자는 대화할 준비가 되지 않은 것이다. 마음이 열리면 대화의 폭과 넓이가 깊고 넓어진다.

〈당신만 봅니다〉 활동을 위해 종이와 펜을 준비하고 1:1로 서로 마주본다. 그리고 1분 동안 서로의 얼굴만 바라보고 상대방의 초상화를 그려주는 활동이다. 1분 동안 절대 자신이 그리고 있는 그림을 바라보아서는 안 된다. 1분 후 그림을 확인하고 서로 웃음을 짓게 될 것이다.

② 스토리텔링과 천천히 읽기

독서지기가 가져서는 안 될 제일 첫 번째 생각은 '참여자들이 책을 모두 읽어 올 것'이라는 기대이다. 하지만 그렇지 않은 경우도 많다. 따라서 독서지기는 반드시 책의 내용을 완벽하게 이해하고 스토리텔링할 준비를 해야 한다. 스토리텔링 방법은 3가지다.

1) 책의 글을 있는 그대로 읽어준다.
2) 책의 그림을 보여주며 스토리텔링한다.
3) 이야기의 순서대로 주요 단어를 화면에 띄우며 스토리텔링한다.

《행복한 청소부》의 경우 그림을 보여주며 독서지기가 이야기를 들려주는 것이 좋다. 책의 내용을 읽는 것이 아니라 독서지기가 본인의 언어로 그림을 제시하며 스토리텔링하는 것이다.
청소부 아저씨가 특별히 좋아했던 음악, 모차르트의 〈소야곡〉, 베토벤의 〈달빛소나타〉 음악을 준비하여 스토리텔링 중간에 들려주면 더욱 생동감 있는 독서 수업이 될 수 있다.

③ 내용 이해하기

독서지기는 참여자가 책의 내용을 충분히 이해했는지 확인하기 위해 3~4개 정도의 발문을 준비한다.
"청소부 아저씨는 어떤 계기로 음악과 문학을 공부하게 되었나요?"

"청소부 아저씨는 표지판을 닦으며 어떠한 내용을 혼자 중얼거렸나요?"

"청소부 아저씨는 왜 교수직 제안을 거절했나요?"

"청소부 아저씨는 어떻게 유명해지게 되었나요?"

④ 질문 만들기

내용 확인을 위한 발문을 통해 참여자들이 책의 내용을 충분히 이해했을 것이다. 이제는 참여자들 스스로 책의 내용에 대해 다른 참여자들과 이야기 나누어보고 싶은 질문을 자유롭게 만들어보는 시간이다. "《행복한 청소부》를 읽고 다른 참여자들과 함께 이야기 나누고 싶은 질문을 만들어보겠습니다. 질문은 정답이 존재하지 않는 열린 질문으로 작성합니다. 예를 들어 '만약 당신이 청소부 아저씨라면 어떠한 결정을 했을까요?' '당신은 어떠한 것을 할 때 가장 행복감을 느끼십니까?' '당신이 진로를 결정할 때 행복은 얼마나 많은 비중을 차지합니까?' 등의 질문을 작성하면 됩니다. 붙임딱지 1장에 하나의 질문을 작성합니다."

참여자들은 붙임딱지에 질문을 적고 이를 책상에 붙인다.

⑤ 질문 전시회

모든 참여자들은 자리에 일어서서 자유롭게 다른 참여자들이 작성한 질문을 둘러본다. 질문들을 읽고 좋은 질문들에 별 표시를 해주며 공

감 의사를 밝힌다. 다른 참여자들의 질문을 읽으며 참여자들의 시야
는 깊고 넓어진다.

⑥ 토크 콘서트

참여자들은 질문 전시회에서 다른 참여자들이 표시해준 공감별을 참
고해서 최종적으로 함께 토크 콘서트에서 나눌 이야기의 대표 질문을
3개 선정한다.

"행복은 무엇일까?"

"나에게 가장 큰 행복감을 주는 것은 무엇인가?"

"성공했다고 행복하다고 말할 수는 없다. 어떠한 삶이 행복한 삶일
까?"

3가지 주제를 두고 다른 참여자들과 자유롭게 자리를 이동하며 이야
기를 나눈다.

⑦ 정의하기

다음 형식으로 행복을 정의해 본다.

"행복은 (   )이다. 왜냐하면 (   )이기 때문이다."

문장을 만들고 한 명씩 돌아가며 이야기를 나누어본다.

⑧ 배.느.실

성찰 활동이다. 무엇을 배우고, 느끼고, 앞으로 실천할 것인지 적어보

는 시간이다. 참여자들에게 《행복한 청소부》로 함께 이야기 나눈 것에 대해 자신의 생각을 정리해 보도록 한다.

- **맺으며**

앨버트 슈바이처 박사는 성공과 행복에 대해 이렇게 이야기한다.

"성공이 행복의 열쇠가 아니라 행복이 성공의 열쇠다. 자신의 일을 진심으로 사랑하는 사람이라면 그는 이미 성공한 사람이다. 가장 행복한 사람으로 찬양받을 만한 사람은 가장 많은 사람을 행복하게 해준 사람이다."

《행복한 청소부》를 읽으며, 자신이 가장 행복할 수 있는 일이 무엇인지 고민해 보았으면 좋겠다. 그리고 삶은 속도가 아닌 방향임을 깨달았으면 한다.

우리는 다름과 틀림을 혼동하여 사용하는 경우가 많다. 나와 생각이 같지 않을 때 '다름'이 아닌 '틀림'으로 받아들이는 것이다. "너의 꿈이 뭐니?"라는 질문에 소위 '사'자 들어가는 직업이 아니라고 하면 많은 어른들이 의아해 한다. 심지어 부모는 직접 OOO 직업을 목표로 공부하라고 설정까지 해준다.

우리는 살아가면서 어떠한 직업군이 좋은지, 그렇지 않은지 편견을 갖고 있다. 물질적인 풍요를 누리고 사회적으로 인정되는 직업이 나의 적성에 맞지 않다고 할지라도 때로는 선택을 강요당하기도 한다.

《프레드릭》은 직업의 사회적 편견에 대해 생각해 볼 기회를 제공해주는 작품이다. 모두가 물질적 풍요를 누리기 위한 직업을 선택한다면 우리의 정신적인 행복감과 즐거움은 누가 채워줄 수 있을까?

이 책을 통해 아이들은 음악, 미술, 문학, 철학 등 인간의 정신세계를 풍요롭게 해줄 직업에 대한 가치를 생각해 보게 된다. 진로의 방향을 정할 때 많은 사람들이 선택하는 길, 사회적으로 강요되는 길이 아닌 특별한 길도 진로가 될 수 있음을 생각해 볼 수 있다.

• 활동 도서 – 《프레드릭》

《프레드릭》은 작가 레오 리오니의 작품이다. 들쥐들의 이야기를 다루며 '조금은 특별한 삶' '다른 삶'에 대한 물음을 던지는 우화로, 많이 알려진《개미와 베짱이》이야기와 유사한 부분이 있다. 개미와 베짱이에서는 개미의 근면 성실함을 강조하고, 베짱이의 게으름에 대한 경고의 메시지를 보낸다. 그런데《프레드릭》은 나와 조금 다른 삶을 인정해 줄 수 있는 상대성을 강조한다.《개미와 베짱이》와 흡사한 이야기 전개에서 개미의 근면 성실함과 베짱이의 특별한 삶 모두 우리에게 의미 있음을 이야기하는 것이다. 단순히 먹고사는 문제를 해결하는 것이 아닌, 인간의 마음을 즐겁게 해줄 수 있는 직업 즉 음악가, 예술가, 미술가, 작가 등도 우리 사회에 꼭 필요한 직업이라는 것을 인식하게 해주는 이야기이다.

• 줄거리

추운 겨울을 준비하며 들쥐들은 곡식을 모으기 위해 열심히 일을 한다. 그런데 프레드릭은 다른 일을 한다. 햇살과 색깔 그리고 이야기를 모으고 있다. 겨울이 되자 들쥐 가족들은 저장해 둔 곡식을 먹으며 지냈다. 그런데 처음에는 이야기꽃을 피우며 행복했지만 시간이 지나면서 이내 조용해졌다. 이때 프레드릭이 등장한다. 프레드릭의 햇살과 색깔 이야기에 들쥐 가족들은 각자 마음속에 따스함과 화려함을 그리며 즐거워했다. 또한 프레드릭은 시를 읊고 이야기를 들려주며 들쥐들에게 기쁨을 전해 주었다.

• 활동 방법
– 수업 대상 : 초등 4학년 ~ 성인
– 수업 시간 : 약 80분

① 마음 열기(〈당신만 봅니다〉 활동 진행)

독서 수업을 진행할 때 가장 중요한 것이 바로 마음 열기 프로그램
이다. 참여자와 독서지기(교사) 간의 마음 열기, 그리고 참여자 간의
마음 열기는 매우 중요하다. 마음이 열리지 않으면 참여자는 대화할
준비가 되지 않은 것이다. 마음이 열리면 대화의 폭과 넓이가 깊고 넓
어진다.

〈당신만 봅니다〉 활동을 위해 종이와 펜을 준비하고 1:1로 서로 마주
본다. 그리고 1분 동안 서로의 얼굴만 바라보고 상대방의 초상화를 그
려주는 활동이다. 1분 동안 절대 자신이 그리고 있는 그림을 바라보아
서는 안 된다. 1분 후 그림을 확인하고 서로 웃음을 짓게 될 것이다.

② 유사한 이야기로 토론하기

《개미와 베짱이》 이야기는 누구나 잘 알고 있는 이야기이다. 이를 간
략하게 소개하며 다음과 같은 물음을 던진다.

"《개미와 베짱이》 이야기를 통해 작가는 우리에게 무엇을 강조하는

것일까?"

"개미의 삶은 바람직한 삶인가?"

③ 스토리텔링과 천천히 읽기

독서지기가 가져서는 안 될 제일 첫 번째 생각은 '참여자들이 책을 모두 읽어 올 것'이라는 기대이다. 하지만 그렇지 않은 경우도 많다. 따라서 독서지기는 반드시 책의 내용을 완벽하게 이해하고 스토리텔링할 준비를 해야 한다. 스토리텔링 방법은 3가지다.

1) 책의 글을 있는 그대로 읽어준다.

2) 책의 그림을 보여주며 스토리텔링한다.

3) 이야기의 순서대로 주요 단어를 화면에 띄우며 스토리텔링한다.

《프레드릭》의 경우 그림을 보여주며 독서지기가 이야기를 들려주는 것이 좋다. 책의 내용을 읽는 것이 아니라 독서지기가 본인의 언어로 그림을 제시하며 스토리텔링하는 것이다.

이야기를 들려주며 중간중간 다음의 질문을 던져보면 좋겠다. "만약 여러분이 들쥐 가족이라면 프레드릭을 바라보며 어떠한 말을 했을까요?" "이 그림에서 들쥐와 프레드릭은 서로 어떠한 대화를 나누었을까요?"와 같은 질문을 던지면 상상력과 창의력이 풍부해지는 독서 수업이 될 수 있다.

④ 내용 이해하기

독서지기는 참여자가 책의 내용을 충분히 이해했는지 확인하기 위해 3~4개 정도의 발문을 준비한다.

"프레드릭은 겨울을 준비하며 무엇을 모았나요?"

"들쥐 가족들은 프레드릭을 바라보며 어떠한 말을 했나요?"

"프레드릭은 겨울에 들쥐 가족들에게 어떻게 색깔을 보여주었나요?"

⑤ 질문 만들기

내용 확인을 위한 발문을 통해 참여자들이 책의 내용을 충분히 이해했을 것이다. 이제는 참여자들 스스로 책의 내용에 대해 다른 참여자들과 이야기 나누어 보고 싶은 질문을 자유롭게 만들어보는 시간이다.

"《프레드릭》을 읽고 다른 참여자들과 함께 이야기 나누고 싶은 질문을 만들어보겠습니다. 질문은 정답이 존재하지 않는 열린 질문으로 작성합니다."

다음은 작성한 질문의 예이다.

1) 만약 우리 사회에 예술가가 사라진다면 어떻게 될까?

2) 사람들이 모두 성공적인 직업이라고 말하는 공무원, 판사, 의사가 되고자 노력한다면, 우리 사회는 어떻게 될까?

3) 내가 원하는 진로, 내가 원하는 삶을 부모가 인정해 주지 않을 때

어떻게 하는 것이 좋을까? 내가 원하는 삶은 다른 사람들에게 어떠한 행복과 기쁨을 줄 수 있을까?

참여자들은 붙임딱지에 질문을 적고 이를 책상에 붙인다.

⑥ 질문 전시회
모든 참여자들은 자리에 일어서서 자유롭게 다른 참여자들이 작성한 질문을 둘러본다. 질문들을 읽고 좋은 질문들에 별 표시를 해주며 공감 의사를 밝힌다. 다른 질문을 읽으며 참여자들의 시야는 깊고 넓어진다.

⑦ 토크 콘서트
참여자들은 질문 전시회에서 다른 참여자들이 표시해준 공감별을 참고해서 최종적으로 함께 토크 콘서트에서 나눌 이야기의 대표 질문을 3개 선정한다.
"우리 사회의 예술가, 작가는 우리에게 어떠한 영향을 끼치고 있는가?"
"《프레드릭》의 들쥐 가족들이 《개미와 베짱이》의 개미와 만났다고 가정하자. 들쥐 가족들은 개미에게 어떠한 이야기를 해줄 수 있을까?"
"나와 다른 인생의 길을 걷고자 하는 사람이 있을 때, 여러분은 어떠한 생각이 드는가?"

3가지 주제를 두고 다른 참여자들과 자유롭게 자리를 이동하며 이야기를 나눈다.

⑧ 정의하기

다음 형식으로 진로를 정의해 본다.

"진로란 (   )이다. 왜냐하면 (   )이기 때문이다."

문장을 만들고 한 명씩 돌아가며 이야기를 나누어본다.

⑨ 배.느.실

무엇을 배우고, 느끼고, 앞으로 실천할 것인지 적어보는 시간이다. 참여자들에게《프레드릭》으로 함께 이야기 나눈 것에 대해 자신의 생각을 정리해 보도록 한다.

· 맺으며

나와 다르다고 해서 틀린 것이 아니며 세상을 살아가는 데 있어 정답이란 존재할 수 없다. 진로를 결정하는 데 중요한 요소 중 하나는 내가 원하는 일을 통해 타인에게 어떠한 행복과 기쁨을 줄 수 있는지에 대해 생각해야 한다는 점이다. 무엇보다도 자신의 적성에 맞고 자신에게 큰 즐거움이 되어야 하는 것은 당연한 이야기다.

현재 존재하지 않는 직업이라고 하더라도, 내 생각이 맞고 세상에 유익이 된다고 판단되면 개척자의 정신으로 정진해 보기를 응원한다. 4

차 산업혁명시대에는 바로 프론티어(Frontier) 정신을 가진 인재가 세상을 이끌 것이다.

파울로 코엘료의 《연금술사》에는 다음과 같은 문장이 나온다.

"이 세상에는 위대한 진실이 하나 있어. 무언가를 온 마음을 다해 원한다면 반드시 그렇게 된다는 거야. 무언가를 바라는 마음은 곧 우주의 마음으로부터 비롯된 것이기 때문이지. 이것을 실현하는 게 이 땅에서 자네가 맡은 임무야."

다른 사람들의 기준과 생각에 자신의 삶을 고정시키기보다 내가 진정 원하고 바라며 세상을 이롭게 할 일이라는 확신이 있다면 꿈꾸고 또 꿈꾸길 응원한다.

교사는
변화의 대상이 아닌
주체이다

솔개에 대한 유명한·우화가 있다. 새들 가운데 가장 장수한다는 솔개는 약 70세까지 사는데, 40세가 될 때쯤 큰 결단을 해야 한다. 그쯤 되면 솔개의 날개는 무거워지고 두터워진 깃털 때문에 높이 날아오를 수 없게 된다. 발톱은 무뎌지고 부리는 길게 구부러져 몸에 닿을 정도가 되니 사냥도 하기가 힘들어진다. 이때 솔개는 인생의 갈래길에서 선택이 필요하다. 자기혁신을 통해 인생의 이모작을 시작하든가, 아니면 그대로 죽을 날만 기다리며 지금의 모습을 유지하든가.

　자기혁신을 선택한 솔개는 높은 산으로 올라가 둥지를 만들고 자신와의 싸움을 시작한다. 먼저, 자신의 부리를 바위에 부딪쳐 깨뜨린다. 아픔을 견딘 상처에는 새 부리가 돋아나기 시작하는데 새 부리로 솔개는 자신의 무딘 발톱을 하나씩 뽑아낸다. 그리고 인고의 시간을 견뎌 새 발톱이 생겨나면 자신의 깃털을 뽑는다. 그렇게 6개월 동안 자신과의 싸움을 견딘 솔개는 새롭게 태어난다. 멀리 그리고 높이 날기 위해 솔개는 이처럼 인내의 시간을 순응하며 자신을 새롭게 한다.

비록 우화이지만 이 이야기가 시사하는 바는 매우 감동적이다. 세월의 흐름 속에 묻혀 흘러가버릴 것인지, 아니면 자신을 쇄신하며 새로운 도전을 시작할지는 오직 우리 자신의 선택에 달려 있는 것이다.

처음 교직에 들어섰던 첫날을 떠올려보자. "선생님"이라는 말만 들어도 가슴 설레던 초임 시절을 생각해 보자. 누가 시키지도 않았는데 교사로서 사명감을 가지고 열심히 일했던 모습을 떠올려보자. 교직에 몰입(flow)하며 보람을 진하게 느꼈던 순간을 회상해 보자. 다시 한 번 무릎을 탁 치고 일어서는 순간, 우리는 다시 태어난 솔개와 같을 것이다.

이제 주변 환경에 따라 나 자신을 바꾸는 수동적인 자세가 아니라 스스로 자기혁신을 통해 새롭게 태어나는 능동적이고 적극적인 교사의 모습이 필요하다. 변화의 바람에 맞서는 사람이 아니라, 혹은 어쩔 수 없이 변화를 받아들여야 하는 수동적인 존재가 아니라 먼저 움직이고 행동하는 변화의 주체가 바로 교사가 되었으면 하는 마음이다.

하버드대 캐서린 스노우 박사팀의 연구 결과 만 3세 어린이가 책을 통해 배우는 단어는 140개, 가족 식사를 통해 배우는 단어는 1,000개라고 한다. 또 유치원 시기의 풍부한 어휘는 고등학교 시기의 이해력과 관련이 높다고 발표했다(《가족 식사의 힘》, 미리엄 와인스타인, 2006).

콜롬비아대학 약물 오남용 예방센터(CASA)에서는 A~B학점을 받는 학생이 C학점 이하를 받는 학생에 비해 주당 가족 식사 횟수가 현저히 높다는 연구 결과를 발표했다. 이 연구에 따르면 주당 0~2회 가족과 저녁 식사를 하는 학생 가운데 약 61%가 A 또는 B학점을 받았고 10%는 C학점을 받았다. 반면 5~7회 가족과 저녁 식사를 함께한 가정에서는 학생들의 71%가 A 또는 B학점을 받았으며 6%가 C학점을 받았다. 다시 말해 A~B학점을 받는 학생은 C학점 이하를 받는 학생에 비해 가족 식사 횟수가 훨씬 높았다.

서양의 가족 식사 문화와 교실 내의 학생 중심 수업은 관계가 깊다. 서양에서는 가족 식사를 하면서 활발한 대화가 일어난다. 시사 문제, 최근에 읽은 책, 자신의 삶 이야기 등 다양한 주제와 소재로 활발하게 대화하고 토론을 진행한다. 이는 교실에서 친구들과 토의토론을 하며 내용을 생각하고 판단하는 과정과 동일하다. 아이들은 친구들과 활발하게 대화하고 토의토론하는 과정을 통해 풍부한 어휘력을 갖게 되고 이해력이 심화된다.

학생과 눈높이를 맞추는 교사

최근 권위라는 말을 다시 생각하게 하는 사진 한 장을 보았다.

국립생태원장인 최재천 이화여대 석좌교수가 생태원이 주최한 포토에세이 공모전 시상식에서 어린이 수상자에게 상장을 수여하기 위해 무릎을 꿇고 눈을 맞춘 사진이다. 국가기관의 기관장이며 사회적 지위가 있는 분이 상장 수여를 위해 어린이와 눈높이를 맞추고 무릎을 꿇은 채 사진 촬영에도 함께 임했다.

권위는 스스로 높이는 것이 아니라 주변 사람들이 높여주는 것이다. 혹시라도 내가 선생님이라는 지위를 이용해 아이들 위에 군림하고 명령과 지시하는 태도를 갖고 있는지는 않았는지 반추해 보게 되는 장면이었다.

수업에서 나도 모르게 교사 중심적, 권위적 태도로 수업을 진행하고 있지 않은지 반문해 보자. 교사 스스로 자신의 수업 방법과 교직관을 되돌아보고, 자신의 생각과 틀을 깰 때 우리는 한 단계 진일보할 수 있을 것이다.

꿈의 무대를 넓히는 교사

관상어 가운데 '코이'라는 잉어가 있다. 이 물고기는 집에서 흔히 볼 수 있는 어항에 두고 기르면 7~8cm 정도까지 자란다. 그리고 커다란 수족관이나 연못에서는 15~25cm까지 자란다. 그런데 코이를 강물에 방류하면 1m 이상 자란다고 한다. 이를 '코이의 법칙'이라고 한다. 같은 물고기이지만 어떠한 환경에 놓이느냐에 따라 자신의 능력을 펼칠 수 있는 범위가 달라진다는 것이다.

코이의 법칙이 꼭 물리적인 환경으로 국한되지는 않는다고 생각한다. 학생들의 사고와 창의력, 잠재력을 집 안의 어항에 둘지 강물에 둘지는 교사의 교육 방식에 달려 있다고 해도 과언이 아닐 것이다. 그만큼 수업 시간에 아이들이 자신들의 생각을 자유롭게 표현하고 나눌 수 있는 시간과 기회를 제공하는 것은 중요하다. 아이들의 몸은 좁은 교실에 있지만 아이들에게 무한한 가능성과 잠재능력이 있다고 믿는 순간 아이들의 무대는 넓은 강이 된다.

학생들이 펼칠 미래의 모습과 가능성을 한정 짓지 말자. 교사는 더 큰 무대, 더 넓은 무대로 아이들을 초대하고, 앞으로 나아갈 수 있도록 용기를 북돋아주어야 한다.

더불어 교사의 마인드도 마찬가지다. 교사 역시 10년 후 자신의 모습을 그리며 꿈을 향해 달려가는 삶을 살아야 한다. 아이들은 선생님의 꿈과 목표가 무엇인지 잘 알지는 못해도, 목표를 좇아 신나게 달려가는 멋진 선생님으로 기억할 것이다. 이처럼 학생도 교사도 함께 성장해 가는 공간이 바로 교실이다.

영혼을 살리는 한마디, 칭찬

학생들의 잠재력과 동기 부여를 끌어내는 가장 좋은 방법은 바로 칭찬이다. 하지만 칭찬의 중요성과 효과는 잘 알아도 이를 실천하기는 쉽지 않다.

이제 칭찬을 바라보는 관점을 조금만 바꾸어보자. 무언가를 잘하고 뛰어난 성과를 내야만 칭찬을 한다는 생각은 잘못이다. 아이를 있는 모습 그대로 한 번 묘사하는 것만으로도 충분히 칭찬의 효과가 있다. 예를 들어 "수업 종 치고 모두 자리에 앉아 있네.""선생님과 눈 마주치려고 하는 학생들이 많구나.""큰 목소리로 발표하는구나.""표정이 밝구나."

위의 대화에서 "대단하다""멋지다""잘했어"와 같은 말은 없다. 하지만 학생은 교사로부터 인정받고 칭찬받았다고 생각한다.

이는 가정에서도 똑같이 적용될 수 있다.

"우리 예린이가 집에 다녀와서 간식을 먹고 있구나.""책을 보고 있네.""학교 다녀와서 숙제하고 있구나."

그런데 위의 말들을 교사나 부모가 잘 하지 않는 이유는 간단하다. 학생들이 바른 자세로 수업에 집중하고, 아이가 학교에 다녀와 숙제를 하고 독서하는 것을 당연한 행동이라고 생각하기 때문이다. 즉 학생으로서 당연히 해야 할 의무를 하고 있다고 생각하는 것이다.

하루하루 자신의 일을 충실히 하고 있는 학생들의 모습을 사랑의 시선으로 바라보고 이를 말로 표현해 주자. 잘하고 있는 아이는 신이 나서 더 즐겁게 할 것이고, 못하던 아이는 작은 변화의 칭찬에 지속적으로 습관화하려고 노력할 것이다.

EBS 뉴스에 소개된 흥미로운 연구가 있다. 이 연구는 1955년 하와이 카우아이 섬에서 태어난 833명의 아이를 대상으로 30년간 진행된 대규모 심리학 실험이다.

833명의 아이들 가운데 201명은 한 부모 가정, 가난, 알코올중독, 정신질환 등 불우한 환경에서 태어난 아이들이었다. 연구진들은 좋지 않은 환경 속에서 자란 201명이 사회 부적응자로 성장할 것이라고 예상했다. 그러나 예상은 빗나갔다. 201명 가운데 약 30%가 넘는 72명은 부유하고 화목한 가정에서 자란 아이들보다 더 성공적인 삶을 살며 바른 인성을 갖춘 어른으로 성장했다. 그렇다면 이 아이들은 어떻게 좋지 않은 환경 속에서도 훌륭하게 성장할 수 있었을까?

연구진이 관찰한 결과 72명의 공통점은 그 아이들 주변에 있었던 '한 사람'이라고 한다. 그들이 아무리 어려운 환경과 절망 가운데 있었어도 그들을 믿어주고 격려하고 이끌어주는 '한 사람'이 있었다고 한다. 부모를 의지할 수 없는 상황이었지만, 그들의 손을 끝까지 잡아준 친척, 성직자, 선생님, 동네 어르신, 조부모 등이 있었던 것이다.

이 연구 내용을 읽고 나는 누군가에게 의지가 되는 존재인지 반문해 보며, 학생들이 담임 교사인 내가 늘 든든한 자기편이 되어줄 것이라는 믿음을 가지고 있는지 생각해 보게 되었다. 이 글을 읽는 많은 선생님들도 어떤 아이에게는 그 소중한 '한 사람'이 될 수 있다는 사실을 기억하면 좋겠다.

선생님을 응원합니다!

고갱의 삶을 다룬 《달과 6펜스》는 현실과 이상을 다루고 있는 고전이다. 신기하게도 작품에는 제목이 한 번도 언급되지 않는다. 그런데 작품의 제목인 '달'과 '6펜스'의 의미를 알고 나면 제목이 말하는 바를 쉽게 이해할 수 있다.

6펜스는 영국에서 1971년까지 통용되던 동전이다. 현실 세계를 의미하는 6펜스는 작품에서 스트로브, 블란치, 그리고 주인공 스트릭랜드의 아내를 통해 그 의미를 보여준다. 다시 말해, 의식주를 해결하기 위한 삶, 팔리는 그림을 그리는 화가, 돈을 벌기 위해 생계수단으로 부여잡는 일과 남녀 간의 사랑 등을 의미한다.

이에 반해, 달은 주인공인 스트릭랜드가 추구하는 현실 세계를 벗어난 예술의 세계, 이상의 세계를 의미한다. 현실 세계를 벗어던지고 오직 화가로서 자신이 그리고 싶은 그림에만 몰두하는 삶으로 대변된다. 어떻게 보면 무모하고 또 달리 보면 대단한 자신감이라는 생각도 든다.

나는 《달과 6펜스》를 읽을 때마다 피가 뜨거워진다. 고갱이 타히티섬으로 떠날 무렵, 그의 나이는 47세였다. 중년의 나이에도 식지 않는 열정과 예술에 대한 집념은 현실에 안주하며 호의호식하는 사람들에게 경종을 울린다.

"꿈을 날짜와 함께 적으면 그것은 목표가 되고, 목표를 잘게 나누면 그것은 계획이 되며, 그 계획을 실행에 옮기면 꿈은 실현되는 것이다."

고등학교 시절 썼던 내 다이어리에서 찾은 문장이다. 출처가 어디인지 명확하지 않지만, 늘 열정을 가지고 살아갈 수 있는 힘이 되어주는 글귀이다.

소탐대실(小貪大失)은 작은 것을 탐하다가 큰 것을 잃는다는 사자성어이다. 우리의 일상을 뒤돌아보며 작은 유혹을 따르다 정작 자신의 큰 꿈을 향한 노력들을 소홀히 하고 있지는 않은지 살펴보자.

시간이 부족하다고 핑계를 대는 사람들은 시간만 충분하면 당연히 나도 할 수 있다고 말하지만, 정작 시간이 넉넉히 주어졌을 때 시간을 어떻게 하면 효율적으로 사용할 수 있을지 우왕좌왕하는 경우가 많다. 성공하는 사람들의 공통점을 살펴보면 시간이 많아서 특별한 업적을 이룬 것이 아니라 오히려 부족할 것 같은 삶 속에서 더 많은 결과물들을 만들어냈다. 이는 바쁘고 시간이 부족한 사람일수록 시간의 소중함과 그 가치를 익히 알고 있기 때문이다. 따라서 시간을 소홀히 쓰지 않고, 시간을 쪼개고 쪼개어 사용하며, 시간이 주어짐에 감사함을 느낀다.

오늘의 현실에 안주하지 않고 보다 나은 내일을 위해 힘쓰시는 모든 선생님들께 뜨거운 박수를 보낸다. 조금 늦었다고 조급해 하지 말고, 본인의 속도대로 천천히 그러나 꾸준히 관심 분야를 정하고 앞으로 정진해 나가시길 소망한다.

이 책이 선생님 안에 숨어 있는 잠자는 거인을 깨우고, 그 거인이 선생님의 잠재 능력을 200% 발휘해 줄 것으로 확신한다. 타성에 젖은 모습, 의미 없이 흘려보내는 시간들을 통제하고 꿈 너머 꿈을 향해 열정적인 첫걸음을 떼어보셨으면 한다.

「이 도서의 국립중앙도서관 출판예정도서목록(CIP)은
서지정보유통지원시스템 홈페이지(http://seoji.nl.go.kr)와
국가자료공동목록시스템(http://www.nl.go.kr/kolisnet)에서 이용하실 수 있습니다.
(CIP제어번호: CIP2017008230)」

교과 수업, 틀을 깨다!

ⓒ김성현

1쇄 발행 2017년 4월 28일

지은이 김성현
발행인 윤을식

편   집 김명희 박민진
본문 사진 권호중

펴낸 곳 도서출판 지식프레임
출판등록 2008년 1월 4일 제2016-000017호
주소 서울시 서초구 효령로26길 9-12, B1
전화 (02)521-3172 | **팩스** (02)6007-1835

이메일 editor@jisikframe.com
홈페이지 http://www.jisikframe.com

ISBN 978-89-94655-57-4 (03370)